U0084070

古典文獻研究輯刊

初　編

潘美月・杜潔祥　主編

第6冊

中國古代藏書管理

李　家　駒　著

南宋館閣典籍考

李　健　祥　著

國家圖書館出版品預行編目資料

中國古代藏書管理，李家駒著／南宋館閣典籍考，李健祥著
— 初版 — 台北縣永和市：花木蘭文化工作坊，2005〔民 94〕

目 2 +96 面 + 序 1 + 目 1 +73 面；19×26 公分（古典文獻研究
輯刊 初編：第 9 冊）

ISBN：986-81660-6-3（精裝）
1. 藏書 – 中國 – 歷史 2. 圖書 – 中國 – 南宋（1127-1279）

020.92   94019001

ISBN 986-81660-6-3

9 789868 166066

古典文獻研究輯刊
初　編　第六冊　　　　　　　ISBN：986-81660-6-3

李家駒：中國古代藏書管理
李健祥：南宋館閣典籍考

作　　者　李家駒／李健祥
主　　編　潘美月　杜潔祥
企劃出版　北京大學文化資源研究中心
出　　版　花木蘭文化工作坊
發 行 所　花木蘭文化工作坊
發 行 人　高小娟
聯絡地址　台北縣永和市中正路五九五號七樓之三
　　　　　電話：02-2923-1455 ／傳眞：02-2923-1452
電子信箱　sut81518@ms59.hinet.net
初　　版　2005 年 12 月
定　　價　初編 40 冊（精裝）新台幣 62,000 元
版權所有‧請勿翻印

中國古代藏書管理

李家駒　著

作者簡介

李家駒，民國 48 年生，台灣大學圖書館學系畢業，中國文化大學史學研究所圖書文物組碩士。曾任職於台北市立圖書館、國立中央圖書館台灣分館、台灣師範大學圖書館，現任行政院大陸委員會大陸資訊及研究中心科長。

提　　要

　　本書題名為「中國古代藏書管理」，內容包括中國古代政府與民間的圖書收藏情形，以及各種自然、人為書害的原因與防治方法、藏書環境的控制、書籍的整理與利用和污損殘缺圖書的修補復原技術等。時間上，以宋元明清四朝為主，但在此時期前後有關的史料，一併加以蒐集論證，同時有關於本題的現代圖書館學資料與科技資料，亦參考引用且相互比較說明。

　　此外，由於自東漢以後，紙張逐漸成為主要的書寫記錄材料，而書籍的質料對圖書的保存又有直接的影響，因此紙張、用墨及其他製書材料的製造、性質和改進，亦專列一章討論，以說明其間相互關係。最後，試行探討古代圖書典藏所採用的方法與原則，在現代圖書館典藏工作中的實用性，希望能使本書能有實務上的參考價值。

目

錄

第一章 緒 論

　　人類文明的進步，得自於知識與經驗的不斷累積發展。在原始時期，知識經驗的傳播，靠人的記憶力和口耳相傳，而記憶力有限，又不免因為時間久遠而淡忘模糊，有所訛誤脫落。所以要靠一些輔助記憶力的方法來協助，於是逐漸有了結繩記事和模仿山川鳥獸圖案的文字畫出現，有了這些具體符號，人類意思的表達與記憶傳承，就方便正確多了。這些圖形或符號，經過時間累積和使用便利的要求，漸漸脫離具體事物的描畫，而成為思想意象的代表，以後不斷的改良演進，一步步的變化形態、擴充詞彙，而成為今日所使用的文字〔註1〕。

　　代表各種形象意思的圖案或文字發明後，必須要有記錄的材料，才能傳播交流。從自然界採取的石塊、樹皮、獸皮和獸骨，隨著知識和工藝的進步，開始有了專門為記錄文字而製造的材料，像是簡牘縑帛等等。但是這些記錄用的材料，不是太粗糙，就是太昂貴，或是太笨重，並不是十分適合書寫和傳播。紙張發明後，因為價廉質輕的優點，取代了不適合的材料，成為書寫記錄的主要工具；印刷術的發明，更是知識傳播的劃時代里程碑，從此書籍傳刊便利，大量而價廉的各類圖書出版，促進了人類文明的快速進步。

　　造紙法和印刷術都是中國人最早發明的，這與注重文治教化的傳統有很大的關係，這兩項偉大的發明，也使中華文化更加蓬勃興盛，綿延千年。我們現在所看到的古籍，不論是古本、重刻、影印或是傳抄，都是前人為了知識的保存和傳播所作的努力，也就是靠著這些人類活動記錄的保存及傳播，文明才得以不斷的發展進步。

〔註 1〕吳哲夫，《書的歷史》（台北市行政院文化建設委員會，民國 73 年），頁 10～12。

第一節　圖書典藏的重要性

　　書籍之所以被重視而珍藏，是因爲書記載了人類過往活動的記錄、智慧思想的結晶和發明創造的成果。這些寶貴資產，如果不能形諸於筆墨記錄，僅靠頭腦記憶，終不免訛誤脫落，而難以完整保存，供後人研究參考。《隋書‧經籍志》說：「夫經籍也者，機神之妙旨，聖哲之能事，所以經天地、緯陰陽、正紀綱、弘道德，顯仁足以利物，藏用足以獨善；學之者將殖焉，不學者將落焉〔註2〕。」正足以說明這個道理。

　　在紙張發明前，圖書的形式爲簡牘縑帛，非重即貴，且傳抄費時，因此官府之外，私人藏書較少。私人藏書的風氣，在唐朝發明印刷術後，至五代逐漸形成，再至宋而私家藏書大盛〔註3〕，此後官私藏書雖各有聚散，但藏書風氣仍歷千餘年而不衰。清人張潮曾說：「凡事不宜刻，若讀書則不可不刻；凡事不宜貪，若買書則不可不貪〔註4〕。」而古人因爲愛書藏書成癖，以至家貧如洗，衣食無著，妻女飢寒，「惟有文書溢几篋」者，所在多有〔註5〕。

　　歷代這些豐富的官私藏書，對中國學術文化的貢獻與重要價值，歸納來說有：
　　　　（1）保存圖籍，留傳後世。
　　　　（2）綴輯零編，裒集遺文。
　　　　（3）校讎眾本，是正舛誤。
　　　　（4）借閱流通，嘉惠學林。
　　　　（5）刊佈善本、輯印叢書〔註6〕。
由此可知藏書不只是一人一家一朝一代之事，也是文化傳承，民族延續的重要工作。

　　近世西洋圖書館學傳入，其精義在以科學方法整理圖書資料，以廣爲流傳、便於利用爲目的，期能發揮書籍資料的最大功用。相形之下，中國古代藏書似乎將書籍視爲珍貴私產，以防散佚爲首要，「藏書樓」反而變成落伍保守的同義詞。事實上，過去如此藏書，其目的還是在於使書籍保存久遠，不因外力的影響而散失。因爲書籍本爲脆弱之物，容易因爲種種因素而燬佚，而書中所記載的，又是極爲珍貴的智慧結晶，在古代科技、制度及環境均不理想的情形下，對書籍典藏的重視和管理的嚴密，實在是必然的結果，這種情形中外皆然。而且若無歷代藏書者妥善的保管，今日得見的古書，恐怕早已灰飛煙滅；更何況除了保存圖籍以防散佚外，藏書還有

〔註2〕《隋書‧經籍志》，卷三二（台北市：鼎文書局，《點校本二十四史》），頁903。
〔註3〕潘銘燊，〈宋代私家藏書考〉，《華國》，六期（1971年7月），頁203。
〔註4〕清張潮，《幽夢影》（台北市：中華書局，《國學珍本文庫》本）。
〔註5〕殷登國，〈藏書癖〉，《新書月刊》，二六期（民國72年12月），頁26～28。
〔註6〕潘銘燊，前引文。

蒐集遺文、校讎勘誤、編製書目、刊佈善本、嘉惠後學的積極功用，豈能斷章取義，抹殺了前人的苦心及貢獻。

　　以今日而言，「台灣地處亞熱帶，四面環海，高溫多雨，空氣潮濕，夏季特長。害蟲、細菌、齧齒動物滋生甚速。這對書籍的保存，顯然極為不利〔註7〕。」在這種環境中，古代藏書所遭遇到的各種問題，幾乎全部存在於台灣地區的書籍資料典藏工作之中，因此如何吸收前人的經驗方法，加上近代科技的研究，在有限的人力與經費下，做好典藏維護的工作，確為一值得研究的課題。

第二節　歷代書籍的聚散

　　中國人典藏文獻的歷史久遠，由近代的考古挖掘，證明在殷商時已有藏量達二萬餘片龜甲的窖藏，和供閱覽時使用的穴窖存在〔註8〕；周朝的書冊則是「內史，掌王之八枋之法，……外史，掌三皇五帝之書〔註9〕。」可見商周之時，已有專門典藏文獻的官方機構，並設官分職，專人負責。私人藏書最早的記載，則是《莊子‧天下篇》中：「惠施多方，其書五車〔註10〕。」然此時距殷商已約千年，周朝學術又頗為發達，因此私人藏書的起源應更早於此，只是未見於記載而已。

　　「一個國家的典籍，是全民族經驗與智慧表現於文字的結晶。隨著文化的進步，文字語彙越來越增加，圖書的數量也越來越增加〔註11〕。」所以到了春秋戰國時期，王官之學散入民間，諸子百家興起，各類典籍的數量大為增加。《漢書‧藝文志》中，著錄了六百七十八部，一萬四千九百九十四卷典籍〔註12〕，這還是經過秦始皇焚書禁學，和王莽末年長安兵亂，「宮室圖書並從焚燼」〔註13〕的兩次書厄之後，所存餘書籍的統計。而其著錄的來源主要為「東觀」所藏〔註14〕，可見當時中央政府的藏書已相當可觀。

〔註7〕黃章明，〈如何使善本書延年益壽〉，《出版與研究》，二期（民國66年7月），二版。
〔註8〕蘇瑩輝，〈從考古學上的新發現論圖書館起源〉，《圖書館學報》二期（民國49年），頁35～36。
〔註9〕前引文，頁38。
〔註10〕郭慶藩，《莊子集釋》（台北市：漢京文化公司，民國72年），頁1102。
〔註11〕梁容若，〈中國歷代典籍的總合觀察〉，《東海學報》，九卷二期（民國57年7月），頁19。
〔註12〕前引文。
〔註13〕《隋書‧牛弘傳》（台北市：鼎文書局，《點校本二十四史》），頁1298。
〔註14〕周駿富，〈中國圖書館簡史〉，中國圖書館學會編，《圖書館學》（台北市：學生書局，民國60年），頁88。

　　漢代除了東觀外，官府藏書的處所還有石渠閣、天祿閣、麒麟閣、蘭臺、石室等機構，以後歷代均有設置圖書典藏的機構，如同今日的國家圖書館。如魏有秘書監；晉有監秘省；南北朝有秘書監、文德殿等；隋有嘉則殿、修文殿、觀文殿；唐有秘書省、弘文館、乾元殿；宋有崇文院（即昭文館、史館、集賢院三館）、秘閣、太清樓等；元有秘書監；明有文淵閣、皇史宬；清有四庫七閣、摛藻堂、內閣等〔註15〕。歷朝官府藏書自萬餘卷至數十萬卷不等，每為一時之盛，但因接近政治權力中心，遇有變亂兵禍，動輒遭劫，以國家之力多年蒐集聚積的珍貴典籍，往往不堪兵火等災厄而盡付淪喪。歷史上著名的典籍災厄有：

　　（1）秦始皇三十四年下詔焚書。

　　（2）王莽之末，長安民兵焚未央官，中秘之書付之一炬，化為灰燼。

　　（3）東漢末年，董卓之亂，典籍蕩然無存。

　　（4）西晉秘閣藏書二萬九千餘卷，盡燬於八王之亂。

　　（5）南北朝時，宮中藏書先燬於侯景之亂，再燬於蕭繹之手，七萬餘卷僅餘十之一二。

　　（6）隋開皇（藏書）之盛極矣，未幾悉灰於廣陵。

　　（7）唐開元之盛極矣，未幾悉灰於安史。

　　（8）（唐）肅代二宗荐加糾集，黃巢之亂復致蕩然。

　　（9）宋室圖書，一盛於慶曆再盛於宣和，而女真之禍成矣。

　　（10）三盛於淳熙四盛於嘉定，而蒙古之師至矣。

　　此即中國文獻史上著名的「圖書十厄」〔註16〕，每次遭燬佚的書籍多達數萬卷或十數萬卷。而在宋以後至清末，因為政治因素或戰亂造成的書厄又有：

　　（1）明崇禎甲申之亂，李自成入北京，明內府秘閣所藏之圖書六萬餘冊皆付於火。

　　（3）清入主中原，先後禁毀書籍近四千餘種，另妄刪妄改之書亦難計數。

　　（3）歷代官府藏書最盛的清代，經太平天國、英法聯軍及八國聯軍諸事變，四庫七閣三燬一殘缺，《永樂大典》散燬殆盡，內府所藏書籍檔案亦遭嚴重波及〔註17〕。

〔註15〕陳尤鼐，〈中國圖書館史料輯要初稿〉，《中國圖書館學會會報》，二八期（民國65年12月），頁23～35。

〔註16〕前五厄由隋牛弘提出，見《隋書》卷四九〈牛弘傳〉；後五厄由明胡應麟補述，見胡著《少室山房筆叢》卷一。

〔註17〕李孟晉，〈中國歷代書厄概觀〉，《HKLA Journal》五期（1980年5月），頁77～87。

　　以上這些書厄，主要是由大規模的兵燹或查禁等政治因素，造成官府藏書的散失，「然以中國疆土如此之大，民間藏書總不會完全根絕的〔註 18〕。」但是私家藏書因為子孫不肖，管理不善或難抗水火兵盜，經年累月積少成多，散失的數量也是相當驚人，這也是古籍流傳至今甚為稀少的另一主要原因。這些私家藏書散毀的事例，將留待第三章中，再就其原因逐一列舉說明 。

　　綜而言之，中國歷代公私藏書的散佚，可歸納為以下四點：

　　（1）受厄於獨夫之專斷而成其聚散；
　　（2）受厄於人事之不臧而成其聚散；
　　（3）受厄於兵匪之擾亂而成其聚散；
　　（4）受厄於藏弄者之鮮克有終，而成其聚散〔註 19〕。

　　至於歷代典籍散佚具體數字的推斷和說明，可以於下表窺見一斑：

表一：歷代重要書目著錄典籍數量表〔註 20〕

書目名稱	年代（西元）	距上次著錄時間（年）	書籍種類	增加數量	增加倍數
漢書藝文志	23		678		
隋書經籍志	617	594	6150	5472	8.9
宋史藝文志	1276	659	9549	3399	1.55
四庫總目（含存目）	1782	506	10585	1036	1.11

　　由漢至隋近六百年，典籍數量成長約九倍，映之人口增加，文化發展的現象，應為可信數字；但隋至宋六百五十餘年，其中又有雕版印刷術的發明，而典籍數量的成長只有一倍半。《宋史・藝文志》固然未收全部書冊，但如此低的成長倍數，其中必有大量的書籍流失；宋至清修四庫時期止，又五百年，書籍增加率反而更低，僅有一千餘冊而已。另外，如據今人張舜徽的推斷，現存古典文獻數量，包括各種單行刻本、地方志、叢書中的單種文獻、小說、戲曲、佛藏、道藏、譜牒及金石拓片，僅約有八萬種〔註 21〕。以漢至隋，六百年成長九倍計算，依此比率，至清末應有書五十餘萬種，即使扣去因時間淘汰的通俗書刊及劣書，再從寬計算未被上述四

〔註 18〕張舜徽，《中國文獻學》（台北市：木鐸出版社，民國 72 年），頁 25。
〔註 19〕陳登原，《中國歷代典籍考》，又名《藝林四劫》或《古今典籍聚散考》（台北市：盤庚出版社，民國 68 年影印），頁 16。
〔註 20〕梁容若，前引文。
〔註 21〕張舜徽，《中國古典文獻學》（台北市：木鐸出版社，民國 72 年），頁 15～16。

種書目收錄的文獻數量，則自古至今流失的典籍至少在十萬種以上，這實在是中華文化無法彌補的大遺憾。

歷代珍貴典籍屢遭橫禍，無怪杜定友先生曾嘆：「水火蠹魚之害，兵戈盜劫之災，紀不勝紀，是因災禍之來不可避免，而歷代藏書不得其法，亦無可辭其咎焉〔註22〕。」杜先生有此慨嘆，實痛心於豐富的文化資產，竟不得永傳後世，確為至情之言。然藏書之人，多讀書愛書，豈有不知鑑往知來而力求妥善保管，任令其湮滅的道理？其實藏書者多有管理方法，只是因為世道變化、兵火災害和子孫不肖，藏書才遭散佚，藏書者之痛心無奈可以想見。

第三節 研究圖書典藏工作的目的

古人既好藏書，書籍一多，自然要有管理方法，才能便於取閱並使之傳存久遠。清黃宗羲曾說：「讀書難，藏書尤難，藏之久而不散，則難之難矣〔註23〕。」可知圖書典藏工作的不易與重要，如果典藏不善，不但不能達到供人閱覽研究的目的，還會因為霉爛、蠹蛀、污損、散佚、焚燬而使寶貴的文化資產無法留傳後世〔註24〕。所以對典藏技術的講求，與典藏環境的管理，不能不特別注意。歷代有名的藏書者對其所藏，多各有其管理方法，越到後代，因為鑑於前人藏書散佚，造成了無可彌補的遺憾，所以管理方法越趨嚴密週詳，進而闢室建樓儲之，以求安全妥善，留傳久遠。

殷商時期，既已有藏二萬餘片甲骨的窖穴，則必有某種管理方法，否則只靠記憶，是很難在眾多而雜亂的甲骨中找出所需，證之「河南安陽殷墟出土之甲文中，尾尖之右方往往有『編幾』、『冊幾』或『絲幾』之文，據推考為龜甲之編號，足覘當時之典藏皆有順序，非隨意散置〔註25〕。」而商周之時，官府所藏圖書，應已著錄編目，只是未得見史料記載而已〔註26〕。

西漢劉向、劉歆父子作《別錄》、《七略》，正式將各種冊籍分類列名，一般視為中國目錄學之始。以後近兩千年間，各家分類互起，或四部或七部，其目的不外是將各種圖書分類部次，以求辨章學術，考鏡源流，然後「即類求書，因書就學」。這個目的反映到實務上，就是要將書籍分類庋藏，並按一定次序排列，妥善保管，

〔註22〕杜定友，《校讎新義》（台北市：盤庚出版社，民國68年影印），頁111。

〔註23〕（清）黃宗羲，《南雷文約》，卷四（台北市：藝文印書館，《百部叢書集成》本）。

〔註24〕薛作雲，《圖書資料學》（台北市：文津書局，民國68年），頁144。

〔註25〕昌彼得，《中國目錄學講義》（台北市：文史哲出版社，民國62年），頁36～37。

〔註26〕前引書。

才方便取閱研讀，此即是圖書的典藏工作。

　　圖書分類源流與發展的研究，向爲中國目錄學研究的主流，古今均有許多精闢的論著，而如何使藏書不壞不散，留傳久遠的工作，卻較少有人論述。古人記藏書者，論其分類源流和所編書目優劣最多，其次爲藏書家行事，所藏版本優劣或藏書的聚散，至於專門論及藏書管理、書樓建制、修補維護的則頗爲少見，而此三項即爲本書重點所在。希望能在有限的資料中，將古人藏書管理的方法，作一有系統的敘述，尤其是對於各種自然與人爲書害的成因，以及古人在累積經驗教訓之後，改良發展出來的管理方法，以及修裱維護技術，逐一說明，以期重現古人此重要、卻容易被忽視的成就，並能取其菁華，爲今人所取法參考。

　　此外，由於製書材料對圖書的保存有直接影響，而自隋唐後，紙墨爲印寫記錄的主要工具，所以紙張、用墨及其他製書材料的製造與選用，亦專列一章討論，並說明其與圖書保存的關係。最後，試行探討古代圖書典藏所採用的原則和方法，在現代圖書館中的實用性，希望能在實務上有具體的參考價值。

第二章　書材原料、製造方法與書籍保存的關係

　　書籍日久逐漸腐壞湮滅，除了外在環境的種種因素，其本身所用的材料，也是一個主要原因，因為「書籍的腐壞在出版之過程中即已開始〔註1〕。」所以製書材料的好壞，直接影響到書籍保存的年限，也影響到保存的方法。

　　紙是製書最主要的材料，紙質的好壞對書籍保存的影響最大。以報紙為例，因為需求量大，但絕大多數都是當日看完即堆積丟棄，除了圖書館與資料單位外很少保存，因此所採用的紙張也是價廉的紙漿製成，印成之後，只要受到溫度、濕度和光線的影響，就會發黃變色，不要多久，即使小心翻閱也很容易破裂〔註2〕。而一般的書籍，雖然用的是比較高級的紙張，在經過數年之後，如果沒有良好的典藏環境，紙張的強度和韌性也會變得很差。出版品會有這種不堪長久保存的情形，是因為近代造紙工業主要採用木材為製漿原料，以化學藥品加速製造過程，又為求潔白光滑與控制吸墨性，加入大量的滑石粉、高嶺土、明礬和松香等填充料〔註3〕。這樣製出的紙張，雖然能縮短過程、降低成本、增加產量且質感較佳，但是不能持久。因為紙漿中的木質素和明礬等原料，都會發生氧化潮解的作用，產生微量硫酸而破壞紙質。日光（紫外線）和含酸性的油墨與黏膠，加上過高的溫度，更會促使酸化過程加速，使這些酸性原料製成的書籍，最多也只能保存百年而已，以致目前世界

〔註1〕Lee, Mary M.撰，李鳳生譯，〈圖書保管的理論與實際〉，《國立中央圖書館刊》，新六卷一期（民國62年3月），頁59。

〔註2〕李清志，〈善本書的保管方法〉，《教育資料科學月刊》，一七卷一期（民國69年3月），頁15。

〔註3〕余敦平，〈淺談酸性對紙張的破壞和化學處理方法〉，《雄獅美術》，一五七期（民國73年3月），頁92。

各地的大圖書館，都遭遇到近代印成的書籍保存年限的問題〔註4〕。

　　反觀留存至今的古書，有些已經有上千年的歷史，翻閱時紙張除略為泛黃外，仍然保持相當的強度和原有的品質，其根本原因，即在於古代的造紙選用含纖維素高而木質素低的原料，如麻、藤、桑楮皮等。製漿時分離纖維素與其他雜質的發酵脫膠過程中，以加入鹼性的石灰（碳酸鈣）、草木灰（碳酸鉀）與蜃灰（貝殼燒成的灰，成分為氧化鈣）為催化劑的鹼性製漿法〔註5〕，如此製成的紙張本身即呈中性或弱鹼性，而非現代紙張的弱酸性。另外，在製漿過程中，以多級處理的方法，反覆浸漚蒸煮，促進發酵分解，又利用「日曬夜露」來漂白，因此製漿過程極長，可達三、四個月〔註6〕。紙漿經長時間的浸漚，蒸煮、發酵、日曬，其性質已經穩定，不易再受各種物理化學因素的影響，所以能夠歷千年而不壞。其次，古代書寫印刷所用的墨，主要是收集木材、油脂燃燒所生的煙灰，加膠加水發酵製成的水性墨〔註7〕，性質溫和穩定，也勝於現代使用的酸性油墨。

　　近代科技發達，各種進步與古代相比，不啻天地之別，而在成本和市場的要求下，今日書籍的保存年限，反而不及古代手工所製。因此，探討古代製書材料的原料和製造過程，更具有相當意義。

第一節　紙與造紙技術

　　中國幅員廣大，造紙歷史悠久，在不同的時間地點，造紙的原料和方法都有不同。以空間來說，主要以當地所產的多纖維植物為原料，如江蘇、浙江多皮、柬（繭）紙，四川多麻、藤紙，福建、江西多竹紙，黃淮平原則多為糧食作物莖桿所製的草（薰）紙〔註8〕。以時間來說，「由近人的研究指出，晉、十六國、南北朝多用麻紙；隋唐除麻紙外，有楮皮紙、桑皮紙；五代以麻紙為多；宋元以皮紙、竹紙為多，麻

〔註4〕（1）《民生報》（民國74年10月28日），九版。（2）張鼎鐘，〈從現代科技看圖書之典藏〉，《中央日報》（民國72年12月16日），10版。

〔註5〕林貽俊，《中國造紙史話》（台北市：明文書局，民國74年），頁48。又據同書頁51，中國古代造紙以鹼性製漿法為主，酸性製漿法大約出現在明末清初，其優點是製漿過程短，成本低，但紙質較差，多用於製造草紙類的祭祀用紙和衛生用紙。

〔註6〕（1）前引書，頁48～50。（2）陳大川，〈中國手工造紙所接觸的初級科技〉，吳嘉麗編，《中國科技史演講記錄選輯2》（台北市：自然科學文化公司，民國72年），頁249～250。

〔註7〕盧前，〈書林別話〉，喬衍琯、張錦郎合編，《圖書印刷發展史論文集續編》（台北市：文史哲出版社，民國68年），頁142。

〔註8〕盧振京，《圖書學大辭典》（台北市：商務印書館，民國68年），頁351～352。

紙逐漸衰落；明清以竹紙最多，皮紙居次，麻紙甚少〔註9〕。」

　　由於造紙在歷代都是相當普遍的民間手工業，所以各地用的原料和方法各有出入，製成的紙張也有五花八門的名稱，以下僅就製書用紙張的主要原料與程序作一概述，並偏重於其對圖書保存的影響。

一、原　料

　　紙張會發黃變質，是因為原料中多少都含有的膠質、木質素和添加物會氧化潮解，形成酸性物質破壞紙張結構。因此，造紙首先就是要選擇適當的原料，以減少發黃變質的情形。

　　古代紙漿原料的選擇，雖然缺乏科學理論的依據，但是經由經驗累積，逐漸淘汰不適用的原料來源，又因為缺乏機械軋碎設備，因此選用的主要是麻、藤（草本植物）、桑、楮、青檀皮（樹之韌皮部），此類原料易於切斷軋碎，且所含的木質素和膠質均低於木本植物的莖稈。至於含木質素較高（約佔三分之一）的竹，雖然在宋代以後大量採用，並佔有重要地位，但也就因為容易變黃變脆而被視為次級品〔註10〕。

　　麻（大麻、苧麻）、藤的纖維含量高達百分之七十，纖維彈性小，長而堅韌，細胞膜薄，所造之紙緊度大、強度高、薄而透明；楮、桑、青檀韌皮纖維的細胞膜厚，所造之紙，質地堅平，富有韌性耐折耐磨。南宋以後的混料造紙，則是以上述原料加上竹、草類，兼取質佳和價廉的優點。至於通稱的「棉紙」，也是皮紙的一種，因其質佳而潔白如棉得名〔註11〕。

　　以中國造紙技術的長久與普遍，當然不可能只有這幾種原料，但是保存至今的古書，大多是使用這些原料所製的紙張，就現存實物觀之，在經過數百年的時間考驗之後，不得不承認其選料用料確實有其道理。

二、製造過程

（1）製　漿

　　造紙始於製漿。紙漿是植物纖維素、水和添加物的混合浮懸液，製造紙漿的第一步，是要從原料中取得植物纖維，嚴格的說，是取得植物纖維素。纖維素和木質素、果膠、半纖維素共同組成纖維細胞的細胞壁，在纖維細胞間也充滿了木質素。

〔註 9〕李清志，〈明代中葉以後版刻特徵〉，古籍鑑定與維護研習會編，《古籍鑑定與維護研習會專集》（台北市：中國圖書館學會，民國 74 年），頁 108。
〔註10〕前引文，頁 109。竹紙易脆裂的另一原因，是其纖維在古代主要造紙原料中最短最細。
〔註11〕（1）林啓昌，《造紙工業與印刷用紙》（台北市：五洲出版社，民國 72 年），頁 177～178。（2）林貽俊，前引書，頁 75～88，91～93。

木質素的功用，是加強植物莖桿的強度，木質素越多，植物的枝幹越為堅硬而不易彎折，所以本本植物所含的木質素遠較草木植物為多。木質素和果膠都是造紙的有害雜質，必須在製漿過程中除去，而將所需的纖維素分離出來〔註12〕。

古代紙漿分離纖維素的方法，是利用浸漚及蒸煮的多級處理法〔註13〕。這是經過數百年經驗與技術改進發展出來的。這種分離技術源自於麻紡織品的製造，《詩經》中有「東門之池，可以漚麻」〔註14〕的記載，就是將麻切斷浸在池中，利用日光加溫促進發酵，使微生物繁殖，微生物以果膠為食物，因而達到脫膠淨化的目的。造紙採用相同的方法，並加入石灰、草木灰或蜃灰為催化劑，加速果膠、木質素、色素和油脂的溶解分離，並間以長時間反覆蒸煮，以高溫加速作用，全部製程約在百日上下。在如此長的過程中，各種原料間的化學變化得以十分徹底，因此紙漿的性質穩定，製成紙張後不易再生變化。

（2）舂搗（打漿）

製成高純度的紙漿後，還要經過舂搗的手續，因為纖維的聯結是靠其中氫氧鍵（—OH）的結合，氫氧鍵存在於纖維細胞中，要以舂搗的方法，「舂至形同泥麵」〔註15〕，將細胞壁打破，再經由紙漿中水分子（H_2O）的作用，使不同纖維細胞中的氫氧鍵重行結合，待抄紙後水分蒸發，成為彼此相連的氫鍵（—H），然後才能形成薄片（紙）狀〔註16〕。

古代因時間地點的不同，舂搗的方式有手碓、踏碓和水碓等。

（3）加　膠

紙張內不規則交織的纖維，在書寫印刷時，會使墨汁產生毛細作用而四處擴散，造成「暈水」的現象。因此抄紙之前，要加入膠質填充料以避免暈水，並可使表面平滑，增加質感。古代加膠的材料，原來是用澱粉，但是以澱粉為填充料製成的紙張，容易收縮捲曲，澱粉也會龜裂剝落，使字跡模糊，更容易引來蠹蟲。所以比較講究的造紙法，是採用植物黏液加上明礬作為施膠材料。「加入特殊之植物黏液，用以使纖維在水中均一分散，活動自由，可防纖維之纏結，使紙的組織良好〔註

〔註12〕林貽俊，前引書，頁47。
〔註13〕前引書，頁50。
〔註14〕《詩經·國風·陳風篇》（台北市：大方出版社影印），頁65。
〔註15〕（明）宋應星，《天工開物》，卷中，〈殺青篇〉（台北市：世界書局影印），頁224。
〔註16〕林貽俊，前引書，頁52。
〔註17〕林啟昌，前引書，頁264。

17）。」而加入明礬，可幫助膠料吸附於纖維之中，從而達到防暈水的目的〔註18〕，並可填補纖維之間的空隙，使紙面平整。所謂特殊的植物黏液，《天工開物》中稱爲「紙藥水汁」，並說這種植物「形同桃竹葉，方語無定名〔註19〕。」但據今人考證，應爲黃蜀葵、楊桃藤或是木香，若丁茶及野棉花之類的植物汁液〔註20〕。

（4）抄紙（舀紙）

抄紙，簡單的說，就是將紙漿置入紙模中，使其乾涸成型。

古代抄紙的方法，主要採用「流漉法」，與歐式及日式手工造紙所用的「溜漉法」不同〔註21〕。流漉法是將紙漿在模中蕩平，待其沈積後，將上層紙漿倒回，再加入新漿，如此反覆數次至所需的紙張厚度爲止。溜漉法則是將定量紙漿在模中蕩平凝固後，將多餘紙漿傾去，即行乾燥。流漉法優點是將紙漿中比重小的浮懸液和雜質汰去，因此所抄之紙品質較穩定且表面潔淨，缺點是程序繁複耗費人工。但在明宋應星所著《天工開物》中所載的「造竹紙法」（見圖一：造紙工藝流程圖），採用的卻是一次處理的溜漉法〔註22〕，應是在明清以後，因爲紙張的需求日多，價廉的竹紙也採用省工的溜漉抄紙法。

（5）壓平及乾燥

紙模中的紙漿略爲乾燥定型後，即取出半濕的紙加力壓平，再將紙刷平於板上曝乾，「然天然乾燥之紙質最美〔註23〕。」

〔註18〕林貽俊，前引書，頁 113～114。
〔註19〕（明）宋應星，前引書。
〔註20〕（1）林貽俊，前引書，頁 113。（2）譚旦同，《中華民間工藝圖說》（台北市：中國文化大學出版部，民國 61 年），頁 246。
〔註21〕林啓昌，前引書，頁 363。
〔註22〕（明）宋應星，前引書。
〔註23〕林啓昌，前引書，頁 263。

圖一：造紙工藝流程圖〔註24〕

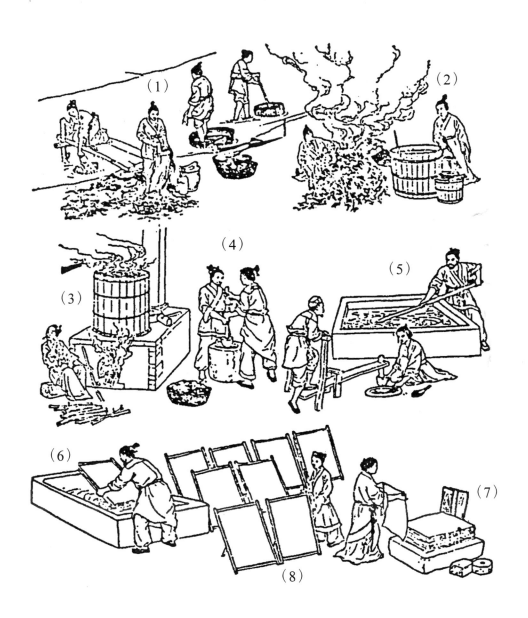

圖片說明：（1）浸漚（2）加灰（3）蒸煮（4）舂搗（5）加膠拌和（6）抄紙（7）壓平
　　　　　（8）乾燥

─────────

〔註24〕紀國驊，《中國科技史話》（台北市：希代圖書公司，民國73年），頁187。

以上是古代造紙的幾個基本過程，爲了使紙張更加精美和適應不同用途，造紙時還有研光、填粉、塗蠟、染色、灑金、印花、防蠹等各種加工方法，由於篇幅及主題所限，除「防蠹」將在第四章中詳細討論外，其餘加工方法不再詳述。

第二節　墨及其他材料

一、墨及其製法

「印書始於製墨〔註25〕。」古法製墨皆是以煙煤爲材料，錢存訓《中國古代書史》中說：「以煙煤作黑墨的起源很早，因爲它是舉火時的一種副產品，……是在焚燒青松、桐油或漆木等木料或油質後取得的〔註26〕。」《天工開物》則載：「取桐油、清油、豬油者居十之一，取松煙爲者十之九〔註27〕。」宋人沈括曾用石油煙灰製墨〔註28〕，但未見於其他記載，應只是實驗性質。無論用油用木製墨，均是取其燃燒後所產生的微細碳粒子（煙灰），而非燃後灰燼，所以原料質純而細，印寫後顏色均勻效果極佳。

製墨以青松煙爲主，是取其價廉而量多，品質和印寫效果亦佳，所以「松煙直至目前仍是製黑墨的最佳材料〔註29〕。」而考究的書畫用墨，仍多以油煙製成，因爲油煙墨雖然價格昂貴，需燃油一斤，才能得上煙一兩餘〔註30〕，但是寫後字跡帶有光澤，隱然生輝，故爲文人雅士所喜愛採用。印本用油煙墨的極少，史料中所見只有宋周密所撰《癸辛雜識》所記：「廖群玉諸書，九經本最佳，……以撫州萆草紙油煙墨印造」一處而已〔註31〕。而國立中央圖書館所藏的「明清抄本多有光，爲明清使用桐油煙之證，但明代刻本抽樣檢視，未見一有光澤者，故印書用墨似不以桐油集煙〔註32〕。」由此可見，印刷用墨由於使用量大，爲降低成本採用價廉的松煙製墨，書寫用墨則因使用者的要求，用料和品質都比較講究。

美國學者卡特在其名著《中國印刷術的發明及其西傳》一書中，述及中國墨的

〔註25〕李清志，《明代中葉以後版刻特徵》，頁142。
〔註26〕錢存訓，《中國古代書史》（香港：香港中文大學，1975年），頁158～159。
〔註27〕（明）宋應星，前引書，卷下，丹青篇，頁289。
〔註28〕（宋）沈括，《夢溪筆談》，卷二四（台北市：商務印書館，《四庫珍本》）。
〔註29〕錢存訓，前引書。
〔註30〕（明）宋應星，前引書。
〔註31〕（清）葉德輝，《書林清話》（台北市：世界書局，民國63年），頁166。
〔註32〕李清志，《明代中葉以後版刻特徵》，頁110。

製造時，只有舉出以植物油脂（縱木脂）煙灰為原料的製墨法〔註33〕，應為不確。

在製造程序上，「製墨之法多端，但不外乎集煙、鎔膠、和料、用藥、杵擣、印模、入灰（陰乾）、上金等重要步驟，此為一般書畫用墨之製法，印刷用墨之製法文獻所載極少，但差異不大，似僅免除『印模』以下過程，而以半液體狀態儲藏之，使其產生化學變化，印書時濾去渣滓，即可使用〔註34〕。」兩種用墨雖然製造過程程序相似，但是書寫用墨的製程和配料比較講究，而印刷用墨則是供印書工匠大量使用，程序和用料就要簡單得多，下面比較兩種製造方法，即可知其差異：

（1）書寫用墨

《齊民要術》：

> 好墂煙，擣訖，以細絹篩於堈內，篩去草芥，若細沙塵埃。此物至輕微，不宜露篩，喜失飛去，不可不慎。墨麴一斤，以好膠五兩，浸梣皮汁中。梣，江南樊雞木皮也，其皮入水綠色，解膠，又益墨色。可下雞子白，去黃，五顆。亦以真朱砂一兩，麝香一兩，別治細篩，都合調。下鐵臼中，寧剛不宜澤；擣三萬杵，杵多益善。合墨不得過二月九月，溫則敗臭，寒則難乾，潼溶見風自解碎。重不得過三、二兩。墨之大訣如此，寧小不大〔註35〕。

加入朱砂是為了增加墨的濃度；加入梣木皮或石榴皮、膽礬等，是為了防腐及增加光澤和持久性；加入麝香或是樟腦、薄荷等香料，是為了去除膠質的臭氣和造成墨香〔註36〕。此種造墨法，錢存訓先生推斷是三國時造墨名家韋誕的製墨法〔註37〕，宋蘇易簡所著的《文房四譜》則直稱此法為「韋仲將墨法」（韋誕字仲將）〔註38〕。此種造墨法一直延用至今，僅工具和材料略為更張而已。

（2）印刷用墨

《書林別話》：

> 取炭窯之窯煙，化牛皮膠為水，和之，成厚粥狀，調之以酒，儲之半月，成稀麵糊，將墨粥攪勻，盛入缸藏之。至時霉天，則臭氣四溢，

〔註33〕Cater, Thomas Francis 著，胡志傳譯注，《中國印刷術的發明及其西傳》（台北市：商務印書館，民國57年），頁28。

〔註34〕李清志，《明代中葉以後版刻特徵》，頁110。

〔註35〕（後魏）賈思勰，《齊民要術》，卷九（台北市：商務印書館，《四部叢刊》本），頁121。

〔註36〕錢存訓，前引書，頁160。

〔註37〕前引書。

〔註38〕（宋）蘇易簡，《文房四譜》，卷五（台北市：藝文印書館，《百部叢書集成》本）。

　　　　然必經三四時霉天，始能用也。倘急用之，則墨色必浮，觸之則糊。是

　　　　墨愈久而愈佳。印書時，必先用馬尾篩破水瀝之。渣滓可以傾去，取其

　　　　餘印書〔註39〕。

　　由此可知製造印刷用墨，在用料和方法上都要簡單的多，但製程極長，先是以
酒和之儲半月用以發酵，再加上三、四時霉天的靜置。時霉天，即農曆三至五月間
的梅雨，通常每一鋒面滯留五至七天，霪雨不止，間隔二、三天後，次一鋒面再至
〔註40〕。三、四時霉天合計約三、四十日，在如此長的時間和高溫潮濕的環境下，
墨汁得以充分發酵變化，化學性質穩定，臭味亦去，印書之後不會暈水或脫落，也
才能「墨色不浮，觸之不糊」。書寫用墨則以不斷的杵擣翻擾加速化學反應，雖較省
時，但極費人工。

　　二者在製墨時均加入膠料，其功用在使碳分子結合，使墨永遠黏著於紙上，
膠料多以鹿角、牛皮、魚皮或廢皮革製成。其法大抵是先將原料浸入水中數日使
之軟化，再以水煮沸溶解後，以紗羅過濾，待其冷卻凝固，即可依份量溶入原料
中攪拌〔註41〕。

　　卡特曾讚美道：「中國墨特別適合木雕版印刷，印出來的字跡不但清晰，而且
可以持久不退色〔註42〕。」適合木雕版印刷，是因為中國墨屬水性墨，能夠均勻的
吸附在木版上，所以印出的字清晰明朗不會暈漫；能夠持久而不褪色，則是製墨過
程時間長，原料的性質已經十分穩定，所以不會脫落或褪色。但是水性墨卻不適於
金屬版印刷，因為墨不能均勻的黏附在金屬版的表面上，而是凝成一點點的墨珠，
以致印刷的結果模糊不清〔註43〕。金屬版（銅活字）印刷，要到十六世紀明朝中葉
以後，才解決了刷印不清的問題，方法是直接將油脂加入墨中調合，其中可能是受
到韓國金屬活字印刷技術的影響〔註44〕。

　　至於明朝萬曆以後，內府印書用墨「多用煤和以麵粉，以代墨汁，取其價廉、
成本輕。這種代用墨水，煙煤易於脫落，書葉成為大花臉」〔註45〕，是偷工減料的
作法，不足為訓。

〔註39〕盧前，前引文，頁 142。
〔註40〕戚啓勳，《中國氣候概論》（台北市：季風出版社，民國 68 年），頁 151～155。
〔註41〕Cater 前引書，頁 29。
〔註42〕前引書。
〔註43〕前引書。
〔註44〕（1）前引書。（2）錢存訓，〈論明代銅活字版問題〉，學海出版社編，《中國圖書版本
　　　　學論文選輯》（台北市：學海出版社，民國 70 年），頁 437。
〔註45〕（清）葉德輝，前引書，頁 49。

二、其他製書材料

除了紙與墨，製書所用到的材料還有裝訂用的紙或絹、漿糊和縫線。

裝訂時用到的紙張有書面、護葉和紙捻。

書　面

古人所謂的封面，和今日習稱不同，係指書葉之首著錄書名作者之頁，即今日所稱之「書名頁」（或稱「內封」），而今日所稱的封面，古人稱爲「書面」。書面用紙（絹），私家與官府所出的書，多比較講求質料，如述古堂裝訂書面用自造五色箋紙；汲古閣用宋箋藏經紙，或宣德紙染雅色〔註46〕。歷代官書則以用黃紅藍紫等各色綾絹面爲特徵〔註47〕。坊刻書較不講究，大抵以較堅厚的皮、棉紙染色。書面用紙多不止一層，其下還有以原色的皮、棉紙二三層襯底糊裱，以求其堅韌耐磨，而爲求美觀精緻，在書面紙上灑金染花的也是常有的情形。至於在書面上用來寫書名的「書籤」，則「用宋箋藏經紙古色紙爲上」〔註48〕，也是屬於皮紙一類的紙張。總之，書面因爲暴露在外，又要有保護內葉的功能，所以書面紙的選擇，都以耐久堅韌爲主。

護　葉（或稱副葉）

就是書面內的空白葉，每冊前後二、三張等，所用的紙有與印書相同者，或另用質佳的厚竹紙、棉紙。其作用有二：一是可以保護書的內葉，一是可以避潮氣滲入。南方有用以鉛丹染製的「萬年紅」紙作爲護頁，是取其防蠹的奇效〔註49〕。

紙　捻

多以棉紙條捻成，用作書之草訂，並可補穿線之不足，是取棉紙堅韌而不易斷裂的特性。

漿　糊

黏貼用的漿糊製法很多，主要原料是麵粉或糯米加水蒸煮製成。麵或米都含有大量的澱粉，最易引來書蟲，所以要加上川椒、白礬之類的藥物以防蟲，也有加入石灰者，拌和磨細之後，除去多餘水分即可使用〔註50〕。

〔註46〕（清）孫從添，《藏書紀要》（台北市：新文豐出版公司，民國73年），頁22。
〔註47〕李文裿，〈中國書籍裝訂之變遷〉，喬衍琯、張錦郎合編，《圖書印刷發展史論文集》（台北市：文史哲出版社，民國71年再版），頁461。
〔註48〕（清）孫從添，前引書。
〔註49〕蔣元卿，〈中國書籍裝訂術的發展〉，喬衍琯、張錦郎合編，《圖書印刷發展史論文集續論》（台北市：文史哲出版社，民國68年），頁159。
〔註50〕（明）周嘉冑，《裝潢志》（台北市：藝文印書館，《百部叢書集成》本）。

訂　線

　　講究者用「清水白絹線雙根訂結，要訂得牢，嵌得深，方能不脫而緊」〔註51〕，或用棉線亦可，均取其堅韌而彈性小，以避免裝訂後斷裂或鬆弛。

　　古代製書材料的製造，可用「慢工出細活」一句話來代表，尤其注重各種書材特性的配合與經久耐用。用料精緻作工考究，使全書渾然一體，更是傳世善本的特色，同時也反映中國文化中尊重知識的優良傳統。

〔註51〕（清）孫從添，前引書。

第三章　各種書害因素

明周嘉冑《裝潢志》於卷首序文中說：

> 聖人立言教化，後人鈔卷雕版，廣布海宇，家戶頌習，以至萬世不泯。
>
> 上士才人竭精靈於書畫，僅賴楮素以傳，而楮質素絲之力有限，其經傳接
> 非人，至兵火喪亂，黴爛蠹蝕，豪奪計賺，種種萬劫，百不傳一〔註1〕。

歷史上因為「兵火喪亂，黴爛蠹蝕，豪奪計賺」造成書籍散燬的數量，的確難以計數。古人痛心之餘，往往將其歸之於天命，故黃宗羲於《南雷文約》中說：「（書籍）造物之所甚忌也，不特不覆護之，又從而災害之如此〔註2〕。」但若以現代眼光來分析這些藏書大敵，則可知其為自然和人為兩種書害因素，相互影響所造成的結果。自然的書害，包括物理化學因素的火災、水災，和環境中的溫度、濕度、光線和有害氣體，以及蠹蟲鼠蟻和書黴之類的生物性書害。人為的書害有盜賣、兵禍禁燬和管理不善所造成的損傷。這種種的書害，雖然各有其成因，但常常同時存在且相互影響，如管理不善或子孫不肖，則不免遭水火蟲蝕、盜賣散佚；若遇戰亂，又不免兵燹禁燬，凋零破散。

以宋人江正為例，其藏書數萬卷，名冠一時，「即歿，子孫不能守，悉散落民間。火燔水溺，鼠蟲齧棄，並奴僕盜去，市人裂之以藉物。……其貧者乃用以為爨，凡一篋書為一炊飯〔註3〕。」藏書家有此身後，可謂慘矣。又如清末四大藏書家之一的陸氏皕宋樓，主人陸心源窮半生之力，藏書三十二萬餘卷四萬餘冊，其中頗多宋元善本，死後十年而「塵封之餘，繼以狼籍，……用以飽蠹魚。」後又因子孫經

〔註 1〕（明）周嘉冑，《裝潢志》，卷首（台北市：藝文印書館，《百部叢書集成》本）。
〔註 2〕（清）黃宗羲，《南雷文約》，卷四（台北市：藝文印書館，《百部叢書集成》本）。
〔註 3〕（清）葉昌熾，《藏書紀事詩》，卷一（台北市：世界書局，民國 69 年），頁 3～4。

商失敗，竟悉數售與日人，從此無價國寶流落海外〔註4〕。

藏書因書害聚而復散，輾轉之間不知流佚多少珍貴典籍，而天災人禍終究難以避免，唯有知其病因，塞其禍源，才是根本解決之道。以下即就各種書害的性質、成因和爲害事例，分別列舉說明，雖然不可能盡蒐歷代藏書聚散史實，但也足以看出書害之烈矣。

第一節　物理化學因素造成的書害

一、火　災

各種書害中「其破壞力之強有力者實莫火」〔註5〕。隋唐以後紙本書籍日多，紙最忌火，其燃點只有攝氏二百五十度左右〔註6〕，飛灰火星即可引燃，如遇書冊大量積存，更是一發不可收拾。古代屋舍又多爲木造，一旦起火迅速燃及樑柱，樓崩屋塌，甚至無法入內撲救，萬卷藏書瞬間化爲煙灰。所以「火災爲承平時書籍最大之厄」〔註7〕，史中所見官私藏書燬於火災的，真可用「紀不勝紀」形容，僅宋以後官私藏書遭火劫而較著名者，即可得二十餘事例：

「北宋初年，收江南吳越之藏，太祖以後又嘗懸賞募書，……三館秘閣之書，漸次麕集，然真宗大中祥符八年（西元1015年）以榮王宮火，延燔崇文院，秘閣所存無幾〔註8〕。」榮王宮火爲北宋最大火災，前後一日二夜，所焚屋宇二千餘間，三館圖籍一時俱燼〔註9〕。陳振孫曰：「唐末五代書籍之僅存者，又厄於此火，可爲太息也〔註10〕。」可見此次大火是後世難見北宋以前傳本的關鍵所在。

北宋宋綬及子敏求藏書三萬餘卷，所藏之富與秘閣相埒，校讎尤精。士大夫喜讀書者，多居其側以便借閱，致其宅旁之房價高於他處一倍，可見其盛〔註11〕。「不

〔註4〕（1）島田翰，《皕宋樓藏書源流考》（台北市：成文出版社，《書目類編九》（一）），頁30。（2）高禩熹，〈清季藏書四大家考（二）〉，《教育資料科學月刊》（民國65年4月，九卷三期），頁32。

〔註5〕陳登原，《中國歷代典籍考》（台北市：盤庚出版社，民國68年），頁454。

〔註6〕張之傑，《環華百科全書》（台北市：環華出版公司，民國71年），冊10，頁186。

〔註7〕潘銘燊，〈宋代私家藏書考〉《華國》，六期（1971年7月），頁248。

〔註8〕陳登原，前引書，頁454～455。

〔註9〕潘銘燊，前引文。

〔註10〕（宋）馬端臨，《文獻通考》，〈經籍考〉，卷一七四（台北市：新興書局，民國54年影印），頁1509。

〔註11〕（清）葉昌熾，前引書，卷一，頁12～13。

幸兩遭回祿之禍，而方策掃地矣〔註12〕。」

「（宋）高宗渡江，書籍散佚，獻書有賞，或以官。故家藏者，咸命就錄，鬻者皆市之。……自紹興至紹定承平百載，遺書十出八九，著書立言之士又眾，往往多充秘府。」可惜至理宗紹定四年（1231），「臨安火，秘書省藏書盡煨〔註13〕。」

南宋葉夢得藏書逾十萬卷，建書樓貯之。即歿，守者不謹，紹興十七年（1147），屋與書俱燼於火〔註14〕。

南宋尤袤，藏書至多，法書尤富，自云：「家有遂初堂藏書，為近世冠。」著有《遂初堂書目》，為賞鑑書志之濫觴，後亦燼於火，其存無幾矣〔註15〕。

兩宋時期這些重大的火災，加上邊族屢次入侵的兵燹，不但使得宋以前的冊籍幾至盡燼，應該也是許多校刊精良的宋本圖書流傳稀罕的主要原因。

元初莊肅，原任宋，性嗜書，聚至八萬卷。歿後子孫不守，編帙散亂，所存無幾。至正年間詔求遺書，其家恐所藏中兵遁圖讖之書干禁，悉付祝融。其孫群玉收拾餘燼，覬領恩澤，僅得五百卷〔註16〕。

元初王昌世，於名理經制治道之體統，古今禮典之因革，靡不究悉。蓄書萬餘卷，煨於火〔註17〕。

明代官書分藏南北二京，南京文淵閣於英宗正統十四年遭焚，所藏者悉為灰燼。北京文淵閣於世宗嘉靖四十一年（1562），因禁中失火波及，除救出《永樂大典》外，其餘三萬餘冊藏書大多焚燼〔註18〕。

明初浦陽鄭氏藏書八萬卷，家有藏書樓，建文君為書擘，窠大字作扁。後燼於火，八萬卷無存矣〔註19〕。

明代大藏書家祁承㸁，一生嗜書至篤，嘗以其妻陪嫁衣物兌換書籍，並「手錄古今四部，卷以千計」，而至「十指為裂」。其後家遭火災，半生所蓄萬卷藏書，片楮無存〔註20〕。

明人邊貢，癖於求書，搜訪金石古文甚富，所蓄不啻數萬卷。一夕燼於火，仰

〔註12〕（宋）陸游，《渭南集》，卷二八（台北市：商務印書館，《人人文庫》本）。
〔註13〕（宋）馬端臨，前引書。
〔註14〕（宋）陳振孫，《直齋書錄解題》，卷一八（台北市：商務印書館，民國67年），頁496。
〔註15〕前引書，卷八，頁229。
〔註16〕（清）葉昌熾，前引書，卷二，頁60。
〔註17〕吳晗，《兩浙藏書家史略》（台北市：文史哲出版社，民國71年），頁11。
〔註18〕陳登原，前引書，頁456。
〔註19〕（清）葉昌熾，前引書，卷二，頁76。
〔註20〕張舜徽，《中國古典文獻學》（台北市：木鐸出版社，民國72年），頁238。

天大哭曰：「嗟乎，甚於喪我也。」遂病卒〔註21〕。

明王文祿，少舉鄉薦，性嗜書，遇有異書輒傾囊購之，得必手校。縹緗萬軸，貯一樓，燬於火〔註22〕。

清代內府藏書極富，又因敕編《康熙字典》、《古今圖書集成》及《四庫全書》，多次詔求天下圖書，故其禁中所藏爲歷代之冠。嘉慶二年（1797）十月，乾清宮失火，殃其昭仁殿「天祿琳瑯」藏書，《永樂大典》正本亦被焚燬。十年三月，江寧學宮火，其尊經閣中所藏南監本《二十一史》、《玉海》及《江南通志》等宋元明所傳槧版，亦並從燼矣〔註23〕。

清徐與參、介壽父子分仕南北，每每致異書，至除夕父子計書之所入，藏增若干卷，角多少以爲樂。如是七載，藏書達十萬卷。壬中大火化爲飛塵，全目亦焚去〔註24〕。

清唐堯臣，爲開建尹，築別業萬竹山房，構樓五間，藏書萬卷。書上有印曰：「借書不孝」。自鈔書目以貽子孫，中葉式微，悉付於火。〔註25〕

清錢謙益藏書幾埒內府，晚年築絳雲樓貯之，樓上大櫃七十有三，顧之自喜曰：「我晚而貧，書則可云富矣。」甫十餘日，其幼女中夜與乳媼嬉樓上，翦燭地落故紙堆中，遂燧，宗伯樓下驚起，燄已張天，不及救，倉皇出走，俄頃樓與書俱盡〔註26〕。

清黃宗羲最喜收書，其搜羅大江以南諸家殆遍，垂老遭大水，卷軸盡壞。身後一火失其大半，僅存五分之一，鄭南溪出而理之，猶得三萬卷。鄭氏家藏亦其半，乃於所居之旁，築二老閣以貯之，身後子孫累增，與范氏天一閣並稱。嘉慶之初，一火盡成煙灰〔註27〕。

藏書最忌火，而古代照明又不能不用燈燭，藏書家雖然訂有火禁之例，家人僕役卻不免有所疏失，鄰舍失火又不免波及，實在是防不勝防，數十年辛苦訪求搜集的珍善秘本，不敵一時的祝融肆虐。散佚的書總還有再聚的可能，水淹蟲蝕只要不曾盡毀，也還有修復的方法，只有火焚之後，化爲片片煙灰，永遠不可復得。

〔註21〕（清）葉昌熾，前引書，卷二，頁92。

〔註22〕吳晗，前引書，頁10。

〔註23〕陳登原，前引書，頁462～466。

〔註24〕吳晗，前引書，頁59～60。

〔註25〕鄭元慶，《吳興藏書錄》（台北市：世界書局，民國69年），頁12。

〔註26〕（清）曹溶，〈絳雲樓書目題辭〉，（清）錢謙益，《絳雲樓書目》（台北市：廣文書局，《書目三編》本）。

〔註27〕陳登原，前引書，頁471～475。

二、水　災

藏書遭水厄的原因有兩種，一是以舟楫運輸途中翻覆漂散，另一是藏書處所遭水災淹浸。書葉經水浸泡後，紙葉纖維中的氫鍵會與水分子再結合成氫氧鍵，乾後彼此相聯一體（詳第二章），書葉收縮捲曲；此外，水中所含的大量泥砂也會污損書冊內外，漿糊遇水則溶解滲入書葉中，因此被水浸過的書籍，如果不能及時沖洗壓平乾燥，重新裝裱，則乾後全書結成硬塊，不易再復原。

歷代皆苦於水患。據統計，隋代享國二十九年，水災五次；唐二百八十九年，水災一百一十五次；兩宋前後四百八十七年，水災一百九十三次；元一百六十三年，水災九十二次；明二百七十六年，水災一百九十六次；清二百九十六年，水災一百九十二次〔註28〕。總計在一千五百四十年中，全國各地發生大小水災七百九十三次，可見水患為害之烈。此外，舟楫行船，不免遇險，以水運圖冊，雖然便捷省力，但若遇灘石風浪沈沒，人逃生尚且不及，書籍也只能任其漂散。

書之水厄，其事例如東漢末年，董卓遷都長安，攜蘭臺石室諸書載舟西上，因罹盜寇，沈溺河中，僅數船存〔註29〕。

隋煬帝即位後廣搜秘籍，限寫五十副本，合原內外閣所藏，達數十萬卷之多。分為三品，上品紅琉璃軸，中品紺琉璃軸，下品漆軸。於東都觀文殿東西廂構屋以儲之。隋末大亂，藏書十萬餘卷輾轉歸於唐，武德五年（622），命司農少卿宋遵貴，盡取隋圖書古跡以船載之西上，將至長安，行經砥柱，多被漂沒，其所存者，十不一二，且目錄為所漸濡，時有殘缺。唐時考其存目，猶有一萬四千四百六十六部，八萬九千六百六十六卷〔註30〕。可見此次典籍受創之鉅。

宋名相富弼，家中藏書萬卷，甲子歲洛陽大水，大部漂流放失，市人得而鬻之〔註31〕。

宋人劉歆美，在外為官，累年不以家行，得俸專以傳書，同書必錄三本，雖數百卷為一部者亦然。出局則杜門校讎，不與客接。即歸蜀，亦分作三船，以備失壞，行至秭歸新灘，一舟果為灘石所敗，書盡漂散〔註32〕。

明宗室朱睦，幼端穎，及長被服儒素，覃精經學，號為西亭先生，有西亭中尉萬

〔註28〕鄧雲特，《中國救荒史》（台北市：商務印書館，民國67年），頁18～32。
〔註29〕《舊唐書》，卷四六，〈經籍志〉（台北市：鼎文書局，《點校本二十四史》），頁1961。
〔註30〕《隋書·經籍志》（台北市：鼎文書局，《點校本二十四史》），頁908。
〔註31〕（清）葉昌熾，前引書，卷一，頁17。
〔註32〕（宋）陸游，《老學庵筆記》（台北市：藝文印書館，《百部叢書集成》本）。

卷堂藏書。崇禎末年，流寇決河隄，萬流奔騰，萬卷堂付之巨浸，徒存其目〔註33〕。

　　清黃宗羲，生平最喜收書，其搜羅大江以南諸家殆遍，所得最多者，爲祁氏澹生堂及徐氏傳是樓。其藏書雖經兵火，仍然保全不燬，卻於垂老之時，家遭大水，卷軸盡壞，身後一火，又失去大半。後人就其殘餘整理編次，尚得三萬卷，可見原藏書之富〔註34〕。

　　清徐與參，官跡半天下，無他嗜好，惟有書淫，至撫閩候代，止以圖書自隨。乃嗜天暴漲，數萬卷俱沈〔註35〕。

　　清孫星衍，勤於著述，性好聚書，聞人家藏有善本者，借鈔無虛日。金石文字搨本古鼎書畫，無不考其源委。攜書過南陽湖，舟覆，書數十簏盡沈溼〔註36〕。

　　「古今書籍，人知其所厄於火，而不知其厄於水者二焉〔註37〕。」火燒藏書，固然聲勢極爲驚人，損害至速且鉅，但火災總是一屋或一地之害，不像水患。一旦泛濫，越州跨縣連續數日不退，境內各處無不遭淹沒，有心藏書者雖每將書藏於高亢之地，並建樓閣儲之，尚難倖免，何況一般文人士子之庋架於住屋中。因此洪水一來，往往造成州縣之中大小官私藏書，全面性的摧殘，所以典籍的水厄，雖然在史料中記敘不多，但以歷代水患之頻仍，災區之廣泛，不難想見其對圖書典藏與善本傳世的影響。

三、其他環境因素所造成的書害

　　除了水火災害能在短時間中，對書籍造成重大損害外，還有一些環境上的問題，像是溫度與濕度的變化，光線的照射和空氣中的有害氣體等，都會使書籍的質料受損，縮短保存年限。這些環境因素的影響，通常都是緩慢進行，所以不容易查覺，但是若不注意防範，卻常使書籍毀之於無形。不良的典藏環境，更會促成不同書害原因的相互作用，加速書籍的毀佚。此種書害，由於古代缺乏有效的環境控制設備，只能在書材質料與藏書地點的選擇上作改進，雖然得到若干效果，但仍然有不少書籍因爲典藏環境的不良，而逐漸變質霉爛不得傳世。

（1）溫度與濕度

　　溫度對書籍質料的影響極爲深遠，書材的酸化反應會因溫度的增高而加速。現

〔註33〕（清）葉昌熾，前引書，卷二，頁70。

〔註34〕陳登原，前引書。

〔註35〕吳晗，前引書，頁59。

〔註36〕陳登原，前引書，頁45。

〔註37〕（明）胡應麟，《少室山房筆叢》，卷一（台北市：商務印書館，《四庫珍本》）。

代實驗證明，紙張在攝氏一百度的狀態中七十二小時，所造成的損害等於常溫中二十五年累積的程度。高低不定的溫度變化，更會使紙張纖維擴張與收縮，增加其結構的損壞〔註38〕。而「在任何有關溫度的討論中，濕度也應同時被考慮到，因為溫度與濕度之間有不可分離的相互關係。書籍質料皆具吸濕性，就是說它們引發並吸收空氣中的濕氧。像在溫度波動中的變化一樣，濕度的變更也可使紙張的纖維擴張與伸縮，而結果迫使紙質變弱〔註39〕。」此外，高濕的典藏環境，能使紙張中含過量的水分，造成紙張化學性質的惡化，而致使書籍腐爛變色，過低的濕度卻會使紙張捲曲焦脆，尤其會使黏貼裝訂用的漿糊乾裂收縮，失去黏性，使書葉脫落。

　　中國大陸位處北溫帶，面積遼闊，各地氣候特徵差異頗大。古代藏書的主要地區大致是北自長城南迄廣東，西起四川東止於海，在這個區域中重要城市的溫度與濕度如下表，從這些數字中可以分析溫濕度對圖書典藏的影響。

表二：各主要城市季溫度表〔註40〕　單位：℃

月份 ＼ 地名	北　京	上　海	南　京	漢　口	重　慶	廣　州
一	-6	2	2	4	8	12
四	10	14	15	16	18	22
七	26	28	28	28	28	28
十	14	18	18	18	16	24

表三：各主要城市季濕度表〔註41〕

月份 ＼ 地名	北　京	上　海	南　京	漢　口	重　慶	廣　州
一	47	76	77			72
四	44	78	75			82
七	70	82	81			81
十	55	74	73			68
年平均	55	78	77	80	80	76

〔註38〕 Lee, Mary M.撰，李鳳譯，〈圖書保管的理論與實際〉，《國立中央圖書館館刊》，新六卷一期（民國62年3月），頁60。

〔註39〕 前引文。

〔註40〕 戚啓勳，《中國氣候概論》（台北市：季風出版社，民國67年），頁91～101。

〔註41〕 （1）前引書，頁169～172。（2）日樋口末廣撰，周炳鑫譯，〈書籍之保存與溫濕度調整裝置〉，《圖書月刊》，一卷二期（民國35年9月），頁5。

從表二、三中可以看出，在同一地點，一年的溫度變化在攝氏二十度左右；相對濕度則除北京外，普遍高濕，年變化在十至三十度之間，漢口與重慶因位於盆地之中，年平均濕度較他處為高。一般說來，各地的溫濕度變化並不劇烈，也沒有極高或極低的現象，對圖書典藏而言，算是一個比較穩定的自然環境。而且古代的各種製書原料，都是取自於自然界，製造時也是在自然環境中長時間完成，因此性質能與環境配合。所以說溫濕度的變化，對古代圖書保存的直接影響較小。值得注意的是全年的高濕度（北平除外），和夏秋雨季的高溫，十分有利於蠹魚蟲鼠和黴菌的滋生，間接造成生物性的書害，這才是溫濕度對古代圖書典藏影響的癥結所在。

（2）光　線

光線中的紫外線對書籍材料破壞力極強，其「能促進纖維質之氧化，故使紙質迅速遭受嚴重之損毀〔註42〕。」紅外線則有穿透書籍材料的熱力〔註43〕，使書頁溫度昇高。書籍如果受到光線的長期曝照，會有褪色、變黃和變黑的現象〔註44〕。

和溫濕度影響相同，光線對古代書籍保存的影響，是有限而間接的。因為紙張在製漿時，已經經過了二、三月之久的日曬夜露，製成書後又置於屋內，直接受日光照射的時間不多，平常置於書函或書櫃中，夜晚閱讀照明用的油燈或蠟燭的光線也弱，不足以造成嚴重的光害。所以現在看到的古書，往往只是略為泛黃而已，甚至有些質佳的皮紙、麻紙所製的書籍，紙張依然潔白如新。至於光線所造成的間接書害，是會提高藏書所在地點的溫度，提供蟲黴適合生長的環境。

（3）有害氣體與灰塵

空氣中的各種有害氣體，如二氧化硫、硫化氫、二氧化氮及臭氧，亦是造成書害的原因之一。尤其是二氧化硫會和潮濕空氣中的水分子作用，形成亞硫酸，落到書葉上後會與紙張中的金屬離子結合，加速書材的損毀〔註45〕。另外，空氣中的灰塵，雖然不會造成紙張的化學變化，但是因為其粒子微小，往往充塞於封面與書根、書口不易清理，阻塞空氣流通，使書的內葉易於受潮，書頁亦易翹曲，變成波紋，遇水則會淹漫污染書籍。

古代絕少空氣污染、落塵量也低，所以有害氣體和灰塵對書籍保存的危害並非十分嚴重。但有一種煤煙之害，為北方所特有，明蒲松齡所著《聊齋志異外集》載：

〔註42〕李清志，〈善本圖書的保管方法〉，《教育資料科學月刊》，一七卷一期（民國69年3月），頁16。
〔註43〕戚啟勳，前引書。
〔註44〕李清志，前引文。
〔註45〕前引文。

　　　　陽城煤炭賤而且美，故有香煤細米之謠。然亦有害。記余初至陽城，
　　　所收舊家書，多觸手而碎。然余家所藏宋板書不如是。後在陽城得二十年
　　　前刻板書，其中紙雖無恙，皮面一礎即碎矣，乃悟煤煙所致。偶記於此，
　　　凡陽城藏書畫者，冬月宜置無火之室方妙也。

　　北地寒冷，室中多起煤爐，因此所藏書籍，易爲煤煙所壞，紙色紅脆，觸手
即破。孫從添《藏書紀要》中有「接連內室廚灶衙署之地，則不可藏書。」確有
其道理。

　　各種自然環境的因素，對於書籍典藏的影響雖然有限，但不可忽視的是，如果
各種不利因素同時存在，彼此作用結果，仍然會造成相當的損害。良好環境對書籍
保存的益處，最明顯具體的例證，就是清光緒二十六年（1900）所發現的敦煌石窟
經卷〔註46〕，當地位於黃土高原河西走廊，低溫少雨，石窟掘於乾燥的黃土山中，
深入數十公尺，陰涼乾爽，溫濕度變化極微，少生黴菌蠹魚，洞口密封，隔絕光線、
空氣和蟲鼠，所以能夠歷千年而完好如新。當然這是一個極端的例子，任何書籍如
果如此長期密封，而無法供人閱讀，則已失去書籍的價值。不過也由此可以看出，
良好的典藏環境，實在可以使書益壽延年，永爲後人參考利用。

第二節　生物因素造成的書害

　　陳登原《中國歷代典籍考》中說：「火固足以厄書矣，其次則有慢性症之蛀與
霉爛焉。其爲禍之烈，雖不及火之促遍，然往往毀壞典籍於不易覺察之間，則其害
亦可謂烈於火歟〔註47〕。」蛀蟲與霉爛都是屬於生物因素引起的書害，一般以蠹魚
和黴菌籠統概括，其實其中的種類很多，習性和對書的危害程度也不一樣，其來源
也有本地品種和外來品種之分。相同的是，這些昆蟲和菌類都會啃食紙張污染書葉，
使書籍腐爛損壞。

一、書　蟲

　　書籍遭蟲蛀，是因爲製書的紙張、漿糊等材料都含有澱粉，是雜食類昆蟲喜好
的食物，藏書所在的溫濕度和陰暗的光線也適宜此類昆蟲的生長。這些昆蟲繁殖迅

〔註46〕蘇瑩輝，〈談敦煌學〉，王秋桂、王國良合編，《中國圖書文獻學論集》（台北市：明文
　　　書局，民國72年），頁186。
〔註47〕陳登原，前引書，頁487。

速，食量驚人，對書籍的危害極大，同時也會損及衣物和傢俱。

（1）衣魚

衣魚（Lepismatidae）（見圖二），是最著名的蛀書蟲。《古今圖書集成》衣魚部彙考中又有蟫、白魚、蛃魚、壁魚、蠹等別名〔註48〕。此外還有銀魚、白魚、蛃魚、蠹魚等不同名稱〔註49〕。

圖二：衣魚圖

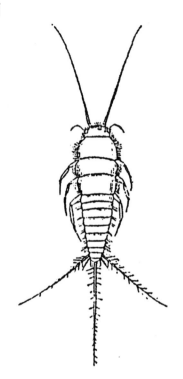

衣魚屬無翅亞綱纓尾目（或稱總尾目），體型細長扁平，成蟲長約一至二公分，呈銀白色或灰色，身上有鱗片，頭部有一對細長三十節以上的絲狀觸角，多數具有明顯的複眼，但沒有單眼。口器發達，適合咀嚼，以澱粉、紙張、膠質、纖維等為食物。胸部有三對能疾走跳躍的腳，行動敏捷。腹節明顯，越向後越小，尾部腹節向後延伸，成為中央尾絲，外加左右各一長五十節以上的尾毛，為其特徵。為原始低等蟲類，早在三億年前即出現於地球，存活至今，可見其生命力及繁殖力之強〔註50〕。

〔註48〕（清）康熙敕撰，《古今圖書集成》，蟲魚典，卷一七九（台北市：文星書局影印），冊六四，頁802。

〔註49〕澤田雨竹，《書病考》（出版者不詳，昭和14年），頁66。

〔註50〕楊世平，《台灣常見昆蟲》（台北市：渡假出版社，民國69年），頁22～23。

　　由於衣魚普遍存在於各地，危害又最大，因此蛀書蟲通稱爲書蠹或蠹魚，即是以衣魚爲代表，而「蠹」又被泛指爲蛀物之蟲，二者相互混淆，使得各種不同種類的書蟲，都被稱爲「蠹魚」，這應該是不正確的。

　　衣魚吃紙的規律，大抵是由外而內，多吃空白紙面，而較少吃印字之處，因爲墨字具有苦味〔註51〕，也會將書葉啃食成碎片。衣魚的壽命在昆蟲中算是相當長的，幼蟲至成蟲最長需要兩年的發育，其間不斷蛻皮和進食，成蟲之後仍繼續蛻皮〔註52〕，因此一隻衣魚，在其生命期中，不斷的進食與排泄，加上極強的活動力，所造成的書害，往往不止一冊一櫃，也無怪其被視爲藏書大敵。

（2）人參蟲與粉囊蟲

　　人參蟲（Sitodrepa　panicea　L.）日本稱爲人參死番蟲，俗名書蠹〔註53〕。粉囊蟲（Lyctus brunneus　Stephens），又名竹囊蟲，日名扁蠹蟲〔註54〕。二者皆屬於鞘翅目，形狀及生態類似。（見圖三）

圖三：人參蟲及粉囊蟲圖

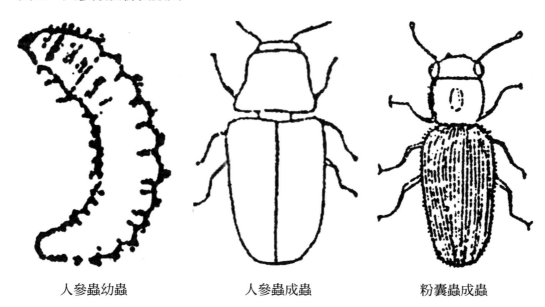

人參蟲幼蟲　　　　　　人參蟲成蟲　　　　　　粉囊蟲成蟲

　　人參蟲害書之烈，僅次於衣魚，因爲又稱書蠹，所以常和衣魚混淆，其實是兩種不同的蟲類。衣魚的幼蟲與成蟲外形相近，而人參蟲的幼蟲長約三四公厘，無觸

〔註51〕郭玉吉，《台灣昆蟲生態大覽》（台北市：印刷出版社，民國72年），頁16～17。
〔註52〕李清志，前引文，頁17。
〔註53〕郭玉吉，前引書，頁17。
〔註54〕澤田雨竹，前引書，頁21。

角亦無尾毛，呈白色條形，頭部有一黑點為其口器〔註55〕，大陸南方最為常見。書葉之中數十隻群聚的白色蠕動小蟲，即為人參蟲的幼蟲，其蛀書的特徵是將書葉啃食成直徑約五公厘貫穿全書的小洞。人參蟲一年可繁殖三、四個世代，每次產卵二十至六十個，壽命約三個月到半年，性喜低溫，是其習性中比較特殊的地方，因此在陰涼濕暗的書庫中，時常可以發現其蹤跡。

粉囊蟲主要以竹藤類植物為食物，因此又稱竹粉蟲或竹蠹蟲，由於古書許多是由竹、藤紙製成，家戶中也多竹製傢俱，因此粉囊蟲對書籍的危害也是相當大的。

（3）其他書蟲

除了人參蟲和粉囊蟲外，粉蠹科所屬的各種昆蟲也會啃食書葉，或產卵其中，作為幼蟲的食物來源和孵化地點。此外囓蟲目（Dsocoptera）中的書蝨，也是以書籍為主食，其外形與人參蟲的成蟲相似，但身長僅及其半，約二至四公厘，覓食時數十隻成群結隊，是其特徵。幼蟲和成蟲外形相近，翅已退化，只能疾走或跳躍，是書蝨與人參蟲的主要差別〔註56〕。翻開被蛀的書，四散逃逸的黑色小蟲即為書蝨，而在書葉中蠕動的白色小蟲，則為人參蟲或粉蠹蟲的幼蟲，至於人參蟲的成蟲，因為具有翅膀，所以四處飛翔，不一定群居一處。

一般說來，以木竹植物的莖桿、果實和種子為食物的昆蟲，都會造成書害，只是輕重程度的不同。而各種農業害蟲多以澱粉類為食物，所以一旦侵入屋舍中，也會啃食書籍造成書害。

二、書　黴

藏書另外一種生物性的書害是黴菌的寄生。黴菌孢子遍佈於空氣中四處飛散，落在書葉上。如遇溫濕度適宜，就會開始發育生長，而以紙張為寄主，以其中的澱粉和膠質為食物，使書籍腐爛損壞。

寄生於書籍上的黴菌，主要為曲黴（Aspergillus），或稱麴霉，共有十多種，以顏色來分，有綠色的煙曲黴；灰綠曲黴和匐匐曲黴；白色的曲黴；黃色的小蠟葉散囊菌；咖啡色的溫特曲黴等等〔註57〕。其生態與習性類似，也常常聚生一處。黴菌在環境不利於生存時，會變化成為孢子，成為類似休眠的狀態，而其孢子防禦性極強，很難完全撲滅，要防止黴菌的滋生，只能從過濾空氣和控制溫濕度著手，使其

〔註55〕前引書，頁 27。
〔註56〕李清志，前引文，頁 16。
〔註57〕楊世平，前引書，頁 37。

孢子無法變化滋生。

三、其他生物性書害

書蟲和書黴外，其他生物性的書害還有白蟻、老鼠、蟑螂和細菌類的結核菌。

蟑螂（學名蜚蠊，日名油蟲）、白蟻，除金屬、玻璃外，無所不吃，蟑螂吃表皮，白蟻吃內部〔註58〕。書籍自然無法倖免。一巢白蟻動輒以萬計，都需要不斷的覓食與築巢才能維持生存，書架中如果出現白蟻，則藏書或書架必定遭受相當程度的蛀蝕。蟑螂雖無所不食。但以人類食物殘屑為主，對書籍的危害多是以其蛻殼或排泄物污染書頁。

老鼠亦為藏書大敵，其為齧齒類動物，門牙不斷生長，必須時時啃物磨牙，以避免門牙太長影響咀嚼，所以即使並非飢餓也會啃囓物品〔註59〕，其對藏書的危害與書蟲不相上下，古人往往以「蟲蠹鼠嚙」並稱。鼠類又會築窩於函套之中，以咬碎的書葉為巢，常有藏書外視完整，而內部已遭全毀的情形。

結核菌在溫濕度適宜的情況下，亦能在書葉上寄生，以澱粉為食物生存繁殖，使書葉腐爛，危害與書黴類似〔註60〕。

古代有關藏書遭蟲黴鼠蟻損壞的具體記載不多，但是從印書紙張多加入防蠹藥汁，和藏書家每每定期曬書，並注重書室的通風和防蟲來看，生物性的書害應當也是相當嚴重的，下面是幾個藏書遭蟲黴損害的事例：

宋葉夢得，藏書三萬餘卷，因兵亂所亡幾半，避居於弁山之石林谷，山居狹隘，餘地置於書囊無幾，雨漏鼠齧，日復蠹敗〔註61〕。

《直齋書錄解題》〈吳氏書目〉：「吳與可權，藏書甚富，有吳氏書目一卷。閩中不經兵火，故家文籍多完具，然地經苦蠹損〔註62〕。」

清汪韓門，雍正癸丑進士，在外居官十數年始還故居，啟塵篋檢故籍，則其為鼠嚙楳黬者十之三四〔註63〕。

清全祖望登天一閣閱碑，見其藏書非常散亂，而「未及裝為軸，如棼絲之難理，

〔註58〕（1）澤田雨竹，前引書，頁94～105。（2）中文譯名由台灣大學植物病蟲害學系李天虎先生提供。

〔註59〕陳國寧，《博物館的演進與現代管理方法的研討》（台北市：文史哲出版社，民國67年），頁145。

〔註60〕張之傑，前引書，冊一六，頁222。

〔註61〕澤田雨竹，前引書，而73～76。

〔註62〕（清）葉夢得，《避暑錄話》，卷上（台北市：藝文印書館，《百部叢書集成》本）。

〔註63〕（宋）陳振孫，前引書，頁228～229。

抑亦鼠傷蟲蝕幾十之五〔註64〕。」范氏天一閣藏書管理之善，號稱天下第一，而終不免爲蟲鼠所傷，可見其爲害之烈。

生物性書害的原因雖多，損壞程度亦大，但是害蟲黴菌的滋生，是要靠適合的環境，如溫度、濕度和光線的配合，所以生物性書害的防治，與是否具備良好的環境條件，有直接的關係。

第三節　人爲因素造成的書害

水火蟲鼠書害雖烈，藏書家仍可以採取許多管理方法和預防措施，來避免所藏遭劫，唯有人世變化殊難預料，如遇朝代更迭，兵戈相向，或天下大亂，盜賊四起，即使本非有意於毀書，「而亂離倉皇之際，藏書家保身之未暇，何以兼顧厚重之書乎〔註65〕？」有幸生於太平之世者，卻不見得有賢孝子孫忠心奴僕，也難免沒有家道衰微的時候，而且再嚴密的管理方法也會有疏漏的地方。所以書籍的聚藏雖是人的刻意經營，而藏書的散佚，也是大半經於人禍所致。

一、兵燹與匪患

「書籍之劫，莫大於兵禍〔註66〕。」藏書如遇兵燹，「則能爲無取捨之破壞工作，蓋大兵到日，閭閻邱墟，何況公家之收藏與夫私人之珍弄。一方則主者奔命之不暇，一方則將帥員卒大抵多不學之徒，無心念及典藏之可貴。於是昔之嬋嬛插架，一霎時化爲灰燼矣〔註67〕。」尤其官府藏書多在內廷，私人藏書則又大多聚於物產豐富人文薈萃之地，每爲兵家必爭所在。內亂外患、政權興替之際，兵災戰亂、攻城略地之餘，公私藏書能倖免殃及的往往十不及一。「復次在干戈擾攘之時，國家之統治力自不免於薄弱。故兵燹最烈之時，即群盜得志之秋。而群盜之行爲，較之正式軍隊尤爲可怖，……盜匪之來，往往掠戮以示威，縱火以逼人爲匪，且其了解典籍之能力，益較武將薄弱，因而典籍之受厄者也愈甚〔註68〕。」自秦漢以來，歷代

〔註64〕（清）丁申，《武林藏書錄》，卷下（台北市：成文出版社，《書目類編九》（一）），頁63。

〔註65〕（清）全祖望，〈天一閣碑目記〉，《鮚埼亭集外編》，卷一七（台北市：商務印書館，《國學基本叢書》本），頁888。

〔註66〕潘銘燊，前引文，頁250。

〔註67〕前引文。

〔註68〕陳登原，前引書，頁155。

中秘所藏圖籍因兵燹散佚，見諸史料文獻記載的不乏其例：

《隋書・經籍志》：

> （漢）武帝置太史公，命天下計書，先上太史，副上丞相，開獻書之路，置書寫之官。外有太常、太史、博士之藏，內有廷閣、廣內、秘室之府。……至於孝成，秘藏之書頗有亡散，乃使謁者陳農，求遺書於天下。……大凡三萬三千九十卷，王莽之末，又被焚燒。光武中興，篤好文雅，明章繼軌，尤重經術。四方鴻生鉅儒，負槧自遠而至者不可勝算。石室、蘭台彌以充積。又于東觀及仁壽閣集新書，校書郎班固、傅毅等典掌焉。……董卓之亂，獻帝西遷，圖書縑帛，軍人皆取為帷囊。所收而西，猶七十餘載，兩京大亂，掃地皆盡〔註69〕。

西漢自「武帝廣開獻書之路，百年之間，書積如丘山〔註70〕。」而東漢「自光武聚書以後，及漢之盛積書三倍，以其數計之，當為六千餘兩（輛）〔註71〕。」可見兩漢藏書之富。然皆因兵禍「掃蕩於一時矣。」

《文獻通考》：

> 魏氏代漢，采掇遺亡，藏在秘書中外三閣。……大凡四部合二萬九千九百四十五卷。……（晉）惠懷之亂，京華蕩覆，渠閣文籍，靡有孑遺〔註72〕。

《中國歷代典籍考》：

> （南北朝）宋元嘉八年秘書監謝靈運造四部目錄，大凡六萬四千五百八十二卷。……齊永明中，秘書丞王亮監、謝朏，又造四部書目，大凡一萬八千一十卷。齊末兵火，延燒秘閣，經籍遺散。……梁武敦悅詩書，下化其上，四境之內，家有文史。元帝克平侯景，收文德之書及公私經籍，歸於江陵，大凡七萬餘卷。周師入郢，咸自焚之。……（後魏）孝文徙都洛邑，借書於齊，秘府之中，稍以充實，暨於爾朱之亂，散落人間〔註73〕。

兩晉南北朝三百餘年間，戰亂不已，典籍零落殆盡。隋有天下，重拾典籍，文帝開皇三年，牛弘表請求書天下，民間異書往往而出。至煬帝大業初年，嘉則殿藏書已達三十七萬卷〔註74〕。而「皆焚於廣陵，其目中並無一頁傳於後代〔註75〕。」

〔註69〕前引書，頁156。

〔註70〕《隋書》，卷三二，〈經籍志〉。

〔註71〕（漢）劉歆，〈七略〉，轉引自《太平御覽》，卷六（台北市：商務印書館影印）。

〔註72〕《後漢書》，卷七九，〈儒林傳〉（台北市：鼎文書局，《點校本二十四史》），頁2548。

〔註73〕（宋）馬端臨，前引書。

〔註74〕陳登原，前引書，頁169。

〔註75〕李孟晉，《中國歷代書厄概觀》，HKLA Journal，五期（民國69年），頁80。

　　唐玄宗開元三年，詔褚無量、馬懷素校書補緝。至七年詔公卿士庶之家，所有異書，官借繕寫。及四部書成，大凡五萬一千八百五十二卷。天寶末年，安祿山之亂，兩都覆沒，乾元舊籍亡散殆盡〔註76〕。安史之亂平，肅代二宗尚儒術，重整圖書，收集散落，四庫所藏又增至五萬六千四百七十六卷，五十年後黃巢干紀，再陷兩京，宮廟寺署，焚掠殆盡，「曩時遺籍，尺簡無存〔註77〕。」

　　五代十國，文物不興，各朝所藏圖書僅數櫃而已，然其時刻版之術興，書籍驟增，流傳亦廣。宋初有天下時，三館藏書一萬二千餘卷。太宗以後，校寫不輟，苦心聚書，仁宗時輯錄《崇文總目》，已達三萬六百六十九卷。至北宋末，秘府所藏已達七萬三千八百七十七卷，靖康之變，金人大舉入侵，秘閣圖書狼籍泥中，二百年之積蓄，蕩然無遺〔註78〕。高宗南渡，復建秘書省，四方求訪遺書，紹興之末，秘府所藏累至四萬四千四百八十六卷，其後又增加一萬四千九百四十三卷。至寧宗時，「書籍之多達於頂」〔註79〕，計九千八百十九部，十一萬九千九百七十二卷。藏書之富，猶勝於北宋。迨元兵南渡，所存館閣之書，又為之焚燬。

　　元初兵亂連年，元末烽火又起，其中承平不及七十年，內府藏書有限，惟刻書成績頗為可觀。明太祖破燕京，令徐達封其庫府圖籍寶物歸南京，復詔求四方遺書，永樂時採訪更勤，並詔取文淵閣書一部至百部，各擇其一，得百櫃，運至北京。宣宗時，秘閣貯書約二萬餘部，近百萬卷〔註80〕。英宗正統六年，輯成文淵閣書目，凡四萬三千二百餘冊，其中《永樂大典》一書，即多至二萬二千九百三十七卷，囊箱之富，邁越古昔，可謂上接宋元，下啓有清。及甲申之變，李自成入北京，內府秘閣所藏之書，皆付於火。宋以來雕版書籍之厄，以此為最大〔註81〕。

　　清初康雍乾三朝，搜求遺書，修纂典籍，其中禁燬雖烈，勘刻亦勤。中葉以後，迭經太平天國、英法聯軍及八國聯軍諸事變，四庫七閣僅存其半，《永樂大典》大部散佚，內廷秘籍遭兵禍燬去者，不知凡幾。

　　歷代中央政府的藏書聚散與兵燹的關係，考其史實似乎成一循環定律，陳登原先生論此現象說：

　　　　大抵新朝之興，必承兵燹以後，其時為粉飾昇平計，乃廣開獻書之路，

〔註76〕（宋）王明清，《揮麈後錄》，卷七（台北市：藝文印書館，《百部叢書集成》本），《大業幸江都紀》條。

〔註77〕《舊唐書》，卷四六。

〔註78〕前引書。

〔註79〕《宋史》，卷二〇二，〈藝文志〉（台北市：鼎文書局，《點校本二十四史》），頁5032。

〔註80〕潘銘燊，前引文，頁81。

〔註81〕《明史》，卷九六，〈藝文志〉（台北市：鼎文書局，《點校本二十四史》），頁2543。

盛置中秘之藏。然一至王朝顚覆，亂者四起，兵戈水火之餘，中秘所藏，民間所度，必又大受損害。必至繼此而起之新朝，始爲收羅，以爲綴點昇平之計，如是循環淘汰，而典籍之受災日甚，其失傳也亦速〔註82〕。

　　內府藏書既多於政權爭奪中化爲灰燼，而大亂之中烽火遍地，盜匪亦乘機而起，地方及私人藏書原就缺乏有力保護，兵戈一至，個人倉皇保命尚且不及，自無暇顧及藏書。何況藏書之家，大多家中富有餘財，正是兵卒盜賊覬覦之所，劫掠之後，書籍或散棄遍地，或縱火焚之，一夕之間，數十年積聚之功，往往化爲煙燼。

　　北宋靖康之難，著名私人藏書幾乎全部遭劫，如晁公武《郡齋讀書志》序中自稱：「公武家自文元公來，以翰墨爲業者七世，故家多書。至於是正之功，世無與讓焉。……及兵戈之後，尺素不存〔註83〕。」

　　《揮塵錄》亦言：「承平時士大夫諸家，俱有藏書之名。如南都戚氏，歷陽沈氏、盧山李氏、九江陳氏、番陽吳氏，俱有藏書之名，今皆散佚〔註84〕。」

　　其他如葉夢得「舊藏書三萬餘卷，喪亂以來，所亡幾半〔註85〕。」李常藏書亦不減三萬卷，收書之富，獨稱江浙，蘇軾曾撰〈李氏山房藏書記〉，推崇其將藏書公於天下，可惜卻遭靖康之劫而燼於兵火〔註86〕。趙明誠、李清照夫婦，好藏書畫器物，建炎年間南下奔喪，以旅途不便，先去書之重大印本者，又去畫之多幅者，再去古器之無款識者，後又去書之監本者，畫之平常者，器之重大者，凡屢減去，尚載書十五車。其青州故居尚有書冊什物十餘間，本期次年春天再舟運南下。然金人陷青州，十餘間屋皆煨燼，而渡江之二萬餘卷書，二千卷金石刻，又於金人陷洪州時，散爲雲煙〔註87〕。

　　元末大亂，群雄並起，江南一帶淪爲戰場，民間藏書再度遭劫，代表事例如杭人魏一愚，自號青門處士，所蓄書數萬卷，歿後三月，而紅巾寇杭，處士盧與堞舍同煨，藏書亦燼〔註88〕。孫道明藏書萬卷，遇秘本輒手自鈔錄，築映雪齋以延四方名人，校閱藏書爲榮。至正年間，烽火四起，煨燼之餘僅殘存數百卷〔註89〕。又如

〔註82〕李孟晉，前引文，頁82。
〔註83〕陳登原，前引書，頁157。
〔註84〕（宋）晁公武，《郡齋讀書志》，卷首（台北市：商務印書館影印）。
〔註85〕（宋）王明清，《揮塵錄》，卷一（台北市：藝文印書館，《百部叢書集成》本）。
〔註86〕（清）葉夢得，前引書。
〔註87〕（清）葉昌熾，前引書，卷一，頁22～23。
〔註88〕前引書，頁31。
〔註89〕（清）丁申，前引書，卷中，頁83。

明代名臣楊士奇稱其「先世藏書數萬卷，元季悉燬於兵〔註90〕。」

明代私家藏書受兵匪劫難，則先有倭寇後有闖賊。顧炎武《亭林文集》鈔書自序云：「炎武之先家海上，世爲儒。當正德之末，而寒家已有書六七千卷。嘉靖中家道中落，而書尙無恙。……而倭闌入江東郡邑，所藏之書，與其室廬，俱焚無孑遺焉〔註91〕。」又如何元朗，其人好讀書，遇有異書必厚資購之，藏書幾達四萬卷，後皆燬於倭夷〔註92〕。而明末流賊之亂遍及全國，繼之清兵入關，藏書遭燬者如陳宏緒，所藏書不下數萬卷，鐵騎一來，悉被割剝撏扯，裂作指甲數千，煤痕丹點，離離駃騠之背，餘以支枕籍地，數萬縹緗淪於一旦〔註93〕。全祖望先世有阿育王山房，藏書頗盛，遇國難作，避之山中，藏書多而難挈行，留貯里第則爲營將所據，方突入時，見有巨庫以爲貨也，發則皆古書，大怒，付之一炬〔註94〕。又如潘曾紘，有意汲古，廣儲縹緗，視學中州，羅致尤夥。鼎革之時遭劫，士兵以書於溪中，疊橋爲渡，以搬運雜物，其書受厄如是〔註95〕。項元汴，以善生產而富，好積書，海內珍異十九多歸之。乙酉大兵至，項氏累世之藏，爲千夫長汪六水所掠，蕩然無存〔註96〕。茅坤子孫三世藏書甲海內，書樓凡數十間，至於充棟不能容，清兵入關亦遭喪亂散去〔註97〕。

清代藏書刻書風氣極盛，國內承平又近二百年，是以名家輩出。而自南宋以後，私人藏書多集中於江南，五六百年間雖屢遭書厄，但因學術發達，新著源源而出，書籍聚散分合之中，雖佚去不少，總數仍爲可觀，乾嘉之時藏書數萬卷者，比比皆是。惟自太平軍起，十五年間擾及十六省，又以江浙兩地爲害最甚，江南藏書幾無不遭劫，其事例如兩浙收藏第一的范氏天一閣，同治元年遭兵劫後，見存者不及舊目十之四〔註98〕。汪氏振綺堂藏書三千三百餘種，六萬五千餘卷，號稱浙右之甲，辛酉亂後藏書盡散〔註99〕。孫氏壽松堂藏書多得自於趙氏小山堂及祁氏澹生堂，亦累至數萬卷，「咸豐辛酉，寇煙再熾，所藏圖籍，盡付雲煙〔註100〕。」又如松江韓

〔註90〕（清）葉昌熾，前引書，卷二，頁67。

〔註91〕（明）楊士奇，《文藝志》（台北市：中華書局，《四部備要》本）。

〔註92〕（清）顧炎武，《亭林文集》，卷二（台北市：中華書局，民國58年），頁5～6。

〔註93〕陳登原，前引書，頁304。

〔註94〕（清）葉昌熾，前引書，卷四，頁199。

〔註95〕（清）全祖望，前引書，頁887，《雙韮山房藏書記》。

〔註96〕陳登原，前引書，頁230。

〔註97〕（清）葉昌熾，卷三，頁119。

〔註98〕陳登原，前引書，頁235～236。

〔註99〕前引書。

〔註100〕前引書。

對虞，所積約十萬卷。太平軍陷松江，所藏書籍、板本、古器、書畫，與所居俱燬。〔註101〕其在南京，則有朱緒曾聞有益齋，藏書十數萬卷，太平軍據南京，清人環攻之，其書皆化為灰燼〔註102〕。

此外，江北其時尚有捻匪之亂，名列四大藏書家之一的山東聊城楊氏海源閣亦遭劫，晝夜之間毀去閣書十之三四，約六七萬卷，「而宋元舊槧，所焚獨多，且經部尤甚〔註103〕。」

綜觀歷代兵匪書厄，所毀去的圖籍，總在數百萬卷以上，其中若干雖在承平時重新再聚，但屢經變亂從此佚失的仍佔多數，因此愈近今世古本愈稀。今以宋本最為珍貴，僅數百種而已，然宋以前，典籍著述至少已有兩千年之久，今所能見者僅一、二殘片，其間最大書厄，應為兵燹無疑。

二、禁燬與竄改

書籍遭禁燬或竄改，其原因不外是觸犯當政者的忌諱，或是內容為當時法令所禁止，是屬於政治因素的人為書害。歷史上最著名的焚書，首推秦始皇三十四年，丞相李斯所建議的焚書事件〔註104〕；而禁書與竄改，則清開四庫全書館時的查禁圖書規模最大。事實上歷代都有類似的事例，只是較不為人知而已。

古代極權專政的制度下，在位者為消滅異端，防微杜漸，以鞏固自身權力，和避免在歷史上留下惡名，對於不同的思想學說，往往施以禁令，而傳播這些思想學說的典籍文獻，輕者任加增刪竄改，嚴重的則乾脆下令焚禁，以免後患。戰國時，孟子就曾說過：「諸侯惡其害己也，而皆去其籍〔註105〕。」可知在秦始皇焚書之前，早已不乏禁燬圖籍的先例。

始皇下詔禁書焚書，是歷史上唯一一次的全面禁書，但官方藏書仍得保全，「若有欲學法令，仍可以吏為師〔註106〕。」漢興代秦，高祖劉邦仍有顧忌，挾書之律至惠帝始除〔註107〕，可見在上位者，總不免恐人恣意批評，以古非今，而影響到政權的穩固。

〔註101〕（清）繆荃孫，《藝風堂文漫存》，癸甲稿，卷三，〈華亭韓氏藏書記〉（台北市：文史哲出版社，民國 62 年影印），頁 260～261。

〔註102〕陳登原，前引書，頁 245。

〔註103〕高禖熹，〈清季藏書四大家考（1）〉，《教育資料科學月刊》，九卷二期（民國 65 年 2 月），頁 35。

〔註104〕《史記》，卷六，〈始皇本紀〉（台北市：德興書局，民國 71 年），頁 68。

〔註105〕《孟子》，〈萬章篇下〉（台北市：南嶽出版社，《十三經引得》本），頁 39。

〔註106〕《史記》，卷六。

〔註107〕陳登原，前引書，頁 43。

　　秦以後的另一次大規模禁書，則始於南北朝的劉宋而終於隋煬帝，所禁的是有關陰陽五行纖緯之書，其理由是此類書籍「文字淺俗，顛倒舛謬，不類聖人之旨相傳，疑後世人造偽之，或者又加點竄，並非實錄〔註108〕。」實際上則是因為西漢以後，有心奪權之士每每以迷信方術惑眾，以纖緯天命為號召起事，如王莽、劉秀及黃巾賊等皆是。此種學說流行，自然對當政者不利，於是自劉宋大明年間始禁圖纖之書，梁天監年以後又重其制，隋高祖禁之愈切，「煬帝即位，乃發使四出，搜天下書籍與纖緯相涉者，皆焚之。為吏所糾者，至死。自是無復其學，秘府之內亦多散亡〔註109〕。」此次禁書，使得許多具有價值的天文地理典籍亡佚，後人也因容易干犯忌諱多避而不談，使古代自然科學的發展為之一挫。若干未被禁絕的圖纖之學，反而流為民間迷信，間接造成以後歷朝的教亂。

　　唐宋元明四朝，雖然沒有大規模禁書事件，但個人因言論著作罹禍者，仍時有所聞，而更為惡劣的是除書籍遭禁焚竄改之外，往往還有文字獄併發，或是夾雜著朝中大臣的派系鬥爭。如北宋王安石將死，「悔其所作實錄，令從子防焚之，防詭以他書代。至蔡卞修撰國史時，即防家取以上，因芟落事實，文飾姦偽，盡改所修實錄正史。」〔註110〕蔡京當國，因新舊黨爭而「排擠元祐，禁戒士人不得習元祐學術」，並議毀《資治通鑑》板，後因茲事體大而未能得逞〔註111〕。「至於蘇軾、黃庭堅之文集，范鎮、沈括之雜說，畏其或記祖宗之事，或記名臣之說，於己不便，故一切禁之，購以重賞，不得收藏〔註112〕。」

　　南宋時又有秦檜禁野史興大獄，以掩其過〔註113〕。元代刑法中則有「妄撰詞曲，誣人以犯上惡言者，處死。……諸陰陽家天文圖纖應禁之書，敢私藏者罪之。諸陰陽家偽造圖纖釋老家私撰經文，凡以邪說左道誣民惑眾者，禁之，違者重罪之」的禁書律令〔註114〕。明太祖及成祖為恐臣下私議毀謗，屢有禁焚之令，成祖並曾盡焚惠帝朝時有關「靖難」事之奏摺封事數千件，以掩其殺侄奪位之事〔註115〕。

　　歷代書禁及文字獄最酷烈的，當以清朝為第一。陳登原《中國歷代典籍考》論其原因為：

〔註108〕《隋書》，〈經籍志〉，卷三二。
〔註109〕前引書。
〔註110〕《宋史》，卷四七二，〈蔡卞傳〉（台北市：鼎文書局，《點校本二十四史》），頁13792。
〔註111〕（宋）周煇，《清波雜誌》，卷九（台北市：藝文印書館，《百部叢書集成》本）。
〔註112〕不著撰人，《靖康要錄》，卷七（台北市：藝文印書館，《百部叢書集成》本）。
〔註113〕《宋史》，卷四七三，〈秦檜傳〉，頁13760。
〔註114〕《元史》，卷一〇四，〈刑法志〉（台北市：鼎文書局，《點校本二十四史》），頁2651。
〔註115〕陳登原，前引書，頁62～66。

清代異族入主中國，深恐明季遺臣之有反動心理，故努力於禁絕明季
史料，違之者即得罪。此其一也。其次，清以東胡蠻族，入主中國，雖欲
自炫其文化，勢亦有所不能。因而深恐漢人之或議其後，於是凡涉「胡」
「狄」字樣，即疑其賤視清人，猜疑之興，大獄以成，此其二也〔註116〕。

縱觀清二百六十六年間，可考的大小文字獄即達八十四案之多〔註117〕，士人
學子往往因遺辭用字遭人牽強解釋挾怨告奸而致禍。其中如查嗣庭案、呂留良案牽
連之廣，堪稱古今第一。歷次大獄中，牽涉入內的有關文獻著作，也無不遭抽毀刪
改或是禁焚。此文獻之禍，於乾隆四庫開館，詔求天下書以彙編《四庫全書》時達
於最盛，修書十年間，總計有十一起大規模的文字獄發生，圖書遭焚燬者二十四次，
計五百三十八種，一萬三千八百六十二卷，挖改者亦達二千餘種〔註118〕。而有清一
代，所禁燬之書共近四千種之多，部分內容被竄改刪除的，當數倍於此〔註119〕。

書籍遭禁燬竄改，其害雖不如兵燹之深，影響卻十分重大，因為此類文獻多與
歷史事實有關，禁焚之後後人即難知當時的實況為何；橫遭增刪竄改的史料，更會
誤導後世的記述研究，使歷史的真象永遠不為人知。從書籍保存的觀點來看，此種
作法不但使得原已多災多難的藏書，厄上加厄，更會使有心藏書以傳承學術文化的
有志之士，心生畏懼，惟恐干忌而導致家破人亡，因此其潛在的影響力量，或遠大
於實際所遭禁焚的部冊數字。

三、管理不善與子孫不肖

兵燹匪劫和政治上的搜禁外，另一種人為的書害，則是藏書人自身的管理不善
或是所傳非人，致使書籍聚而復散。書籍各種災厄已如前所述，若藏書家再不能妥
善管理，則藏書散毀只是遲早的事，何況人的壽命有限，能保於今世，未必能保於
身後；本人有此鴻圖，子孫未必有此器識，有此器識，又未必有此家道。古代藏書
家可考者，不下二千人，其中大部分藏書不知所終，雖說「聚而必散，物理之常」，
「聚散之速，莫書卷若」〔註120〕，但一聚一散之間必有佚亡，即使有幸再入他人藏
弆之中，越傳越少，終至完全湮滅。

藏書因管理不善而遭水火蟲蠹書厄的事例已如本章一、二節所述，至於因律令

〔註116〕前引書，頁68～69。
〔註117〕吳哲夫，《清代禁毀書目研究》，政治大學中文研究所碩士論文，頁11。
〔註118〕前引書，頁80。
〔註119〕前引書，頁86。
〔註120〕島田翰，前引文，頁30。

不嚴、子孫不肖和奴僕無知，致使主人心血盡付東流者，則如：

宋人李光無書不讀，蓄書數萬卷。子孫不肖，且粗率鄙俗，不能保守，藏書散於鄉里之豪民家矣〔註121〕。

元莊肅，原仕宋，宋亡，棄官浪跡海上。性嗜書，聚至八萬卷。歿後，子孫不知愛惜，或為蟲鼠蝕齧，或為鄰識盜竊，或供飲博之需，或應糊覆之用，編帙散亂，所存無幾〔註122〕。

元孔克齊，為孔子五十五世孫，多蓄書卷，平昔愛護尤謹，雖子孫未嘗輕易檢閱，必告於先人，得所請乃可。後任職他所，家中藏書遭奴婢用以剪裁衣物，裱鞋幫覆醬瓿者不知凡幾〔註123〕。聖人後裔家中所藏，亦不免如此，其他可想而知。

元虞堪，家藏書甚富，多手自編輯。其曾孫權以家貧，斥賣先人物，權死時，曾祖遺文及所藏詞翰無慮數篋，妻子以魚醢置屋樑，久之並其嘗亡矣〔註124〕。

元袁桷，承祖父之業，廣蓄書卷，甲於浙東。歿後子孫不肖，盡為僕役竊去轉賣他人，或為婢妾所毀者過半〔註125〕。

明王世貞，藏書三萬卷，二典不與，構藏經樓儲之。歿後不及五十年，盡歸他姓〔註126〕。

明豐道生，家傳數代藏書。晚得心疾，潦倒於書淫墨癖之中，喪失其家殆盡，而樓上之書，凡宋槧與寫本，為門生輩竊去者幾十之六，其後又遭大火，所存無幾〔註127〕。

清吳允嘉，生平愛藏書，蒐討不遺餘力，晚年嗜好尤篤。其歿時，口占一絕示兒輩云：「幾卷殘書幾畝田，祖宗相守已多年，後人窮死休相棄，免教而翁恨九泉。」然其身後，藏書依然散落，書賈求售者，不知凡幾〔註128〕。

清福建連江陳氏世善堂，藏弆二百餘年，自明至清，不下數萬卷，而後嗣不能守，至乾隆初年已散佚無遺矣〔註129〕。

清吳用儀，承父舊藏，復益購數萬卷，多宋元善本。既而諸子爭析產，出藏書

〔註121〕（清）葉昌熾，前引書，卷一，頁29。
〔註122〕前引書，卷二，頁60。
〔註123〕前引書，頁65。
〔註124〕吳晗，《江蘇藏書家小史》（台北市：文史哲出版社，民國71年），頁204。
〔註125〕（清）葉昌熾，前引書，卷二，頁62。
〔註126〕陳登原，前引書，頁424。
〔註127〕（清）全祖望，前引書，〈天一閣藏書記〉。
〔註128〕（清）丁申，前引書，頁60。
〔註129〕陳登原，前引書，頁430。

而貨之〔註 130〕。

　　清李誠，生平喜蓄書，建敦說樓貯之。子孫不肖，散鬻他人。初鬻時每本書僅錢十文，後購者稍多，增至三十文，甚有稿本購去，反嫌字跡模糊，覆瓿糊壁或付火者所在多有〔註 131〕。

　　管理不善所造成的書害還有閱讀時不知愛惜，任意摺角、撕裂或是污損書葉；閱後不妥善收藏，隨意棄置也會使書籍編次錯亂裝線脫落，或是混於雜物之中而遺失。此外，借予他人的書籍，如果沒有登錄追討，也常常一去不回；書樓管制不嚴，更難免遭人竊出。如此種種，經年累月，積少成多，即使倖免於水火，萬卷藏書也不免散佚的命運。

〔註 130〕吳晗，《江蘇藏書家小史》，頁 142。
〔註 131〕吳晗，《兩浙藏書家史略》，頁 30。

第四章　書害的防治及典藏管理的方法

　　基於圖書保存的需要和多年經驗的累積，古人對於如何避免書害的產生，逐漸發展出一些防治應對的方法，這其中包括改進製書的材料，從根本防止書害的發生；典藏環境的改良與控制；藏書的管理規則；書籍遭害的修補與復原等，期能標本兼治，達到長期保存不散不佚的目的。這些防治書害的方法，雖然沒有絕對的功效，但是也確實能有相當的作用，保存至今的古書，大半應歸功於前人的這些努力。而其中許多的作法與觀念，更足以作為今日圖書典藏工作參考和取法。

第一節　製書材料與方法的改進

　　防治書害最根本的方法，就是改進製書的材料，使其提高對各種書害的抵抗力。原始的書材，例如木、石和獸骨，雖然質料堅硬不易受損，卻因為笨重而不切實用，漸漸被淘汰，所以唐以後的書籍，幾乎全是紙本形式。紙具有其他材料所未具備的優點：質輕而薄，價廉而能大量生產。反過來說，這也是紙作為記錄材料的缺點，紙質輕薄遇水火蟲蠹極易燬壞，記錄其上的資料也就隨之湮滅，遠不如甲骨碑碣，在數千年之後出土，還能保持與製作當時類似的狀況。

　　紙張原料取自於自然界，製漿過程是在自然環境中長期緩慢變化而成，因此能與環境中的溫濕度與光線配合，絕少受其影響破壞，這是中國古紙最大特色和優點。但是因為紙張的性質和自然物接近，又經過製漿時搗爛和淨化的處理，反而成為許多昆蟲或動物的最佳食物，導致了生物性書害的產生〔註1〕。

　　古人為了克服這個問題，所以在製紙時，染上香辛類植物的汁液，藉其特有的

――――――――――――――――

〔註 1〕澤田雨竹，《書病考》（出版者不詳，昭和 14 年），頁 17。

辛辣味與毒性，使書蟲避而遠之，達到防蛀的目的。採用這種防蟲方法的時間很早，裝裱書畫稱爲「裝潢」的「潢」，即是染紙之意〔註2〕。東漢時就有紙張染潢的記載，當時稱這種紙爲典紙。魏晉時期，用紙盛行之後更爲普遍〔註3〕，敦煌經卷中也有許多是以黃紙寫成〔註4〕。唐代黃紙係爲皇室專用，宋代則用以印寫秘閣圖籍，以防蠹敗〔註5〕。除了印寫書籍外，染潢的紙箋也用於書畫。《齊民要術》中記載潢汁的製法爲：

> 凡打紙欲生，生則堅厚，特宜入潢。凡潢，紙減白便是，不宜太深，深則年久色闇矣。入浸藥熟即棄之，直用純汁，費而無益。藥熟後，漉滓搗而煮之，布囊壓訖，復搗煮之，凡三搗二煮，添和純汁者，其省四倍〔註6〕。

藥汁即黃蘗樹（或稱黃柏樹）皮所蒸煮汁液，其中含有小柏鹼、黃柏鹼和棕櫚鹼等多種生物鹼，是鹼性的含氯有機物，具有毒性，所以有殺蟲的功用〔註7〕。

除了黃紙外，《書林清話》中另載有：「宋時印書紙，有一種椒紙可以避蠹。……椒紙者，謂以椒染紙，取其可以殺蟲，永無蠹蝕之患也。」以椒紙印成的書，「色有黃斑，無一蠹傷蟲蛀之處」，且其「椒味數百年而不散」〔註8〕。此種椒紙是以花椒（非辣椒）汁液染成，其皮中含有檸檬烯、枯醇和香葉醇等油脂，性熱味辛；果實中含有香茅醛、水芹萜；根中有白鮮鹼、茵芋鹼和小蘗鹼，均有殺蟲的功用〔註9〕。

黃蘗和花椒外，「百部草的塊根中含有百部鹼、百部次鹼和異百部次鹼等殺蟲作用的生物鹼。紙張經它的溶液浸染後，也有防蛀避蠹作用〔註10〕。」

紙張浸染防蠹汁液，在印寫的前後均可，也可在抄紙時直接加入紙漿中〔註11〕。除了防蟲的功用，防蠹汁液因爲具有頗強的鹼性，對於防止紙張的酸化反應與

〔註2〕林尹、高明主編，《中文大辭典》（台北市中國文化大學出版部，民國71年修訂版），冊五，頁1558。

〔註3〕王重民〈說裝潢〉，《文史集林》，三輯（台北市：木鐸出版社，民國69年11月），頁237。

〔註4〕林貽俊，《中國造紙史話》（台北市：明文書局，民國74年），頁134。

〔註5〕封思毅，〈宋代秘閣黃本〉，《國立中央圖書館刊》，新一四卷一期（民國70年1月），頁1。

〔註6〕（後魏）賈思勰，《齊民要術》，卷三（台北市：商務印書館，《四部叢刊》本），頁35。

〔註7〕林貽俊，前引書，頁135。

〔註8〕（清）葉德輝，《書林清話》，卷六（台北市：世界書局，民國63年3版），頁163～164。

〔註9〕林貽俊，前引書，頁136～137。

〔註10〕前引書，頁137。

〔註11〕前引書。

防黴也有相當的幫助。

　　另外一種紙張防蠹的方法，是明清時期閩粵常用的「萬年紅」紙〔註 12〕，即是以鉛丹（或稱紅丹）的溶液塗浸紙張，將其染成鮮紅色或橙紅色，其顏色持久，經年不褪，所以稱爲「萬年紅」。鉛丹的成分是四氧化三鉛（Pb_3O_4）、鹼式硫酸鉛（$PbO.PbSO_4$）和氧化鉛（PbO），具辛辣味，且毒性極強，一隻蠹蟲只要誤食 0.00022 公克的鉛丹即可致命。而鉛丹在空氣中極爲穩定，不易分解，所以經過數百年也能保持鮮艷的顏色和毒性，是極有效的防蠹紙〔註 13〕。不過紅紙不適合印書，所以萬年紙都是用作書的護葉，以保護內葉不受蟲傷，並有防水的作用，能避免書籍受潮〔註 14〕。

　　同屬礦物的雌黃（As_2S_2 二硫化砷）也可作爲防蠹之用，使用方法與黃蘗汁相同〔註 15〕。

　　黏貼書冊的漿糊，日久容易脫爛或乾裂，使書葉散落，所以加上「楮汁、飛面、白芨（芨）三物，調和以黏紙，永不脫落〔註 16〕。」漿糊是用米麵作爲原料，而其中含量甚高的澱粉爲黏劑，澱粉又是書蟲最愛的食物，所以製漿糊時，還要加入花椒液和白礬來防蟲〔註 17〕。中國書籍裝訂的形式，從全用黏貼的經摺裝、蝴蝶裝和包背裝，進而到以紙捻絲線裝訂的線裝，除了便利翻閱以外，儘量避免使用吸引蠹蟲的漿糊，應該也是一個重要的原因。

　　紙張所以被蛀，主要由於其中含有澱粉和膠質之類的書蟲食物，因此選用木質素、膠質含量低，而纖維質含量高的麻紙或皮紙，也是防蛀的方法之一，或是在抄紙時，以明礬和植物黏液取代澱粉，作爲施膠的材料，也能夠減少紙張中澱粉的含量〔註 18〕。

　　從改進製書材料來防止書害的方法，還可以將紙張表面塗蠟，如此可以防水防蛀，通常用於抄寫佛經或臨摹書畫用紙〔註 19〕。但塗蠟極爲費工，塗蠟太厚則無法

〔註12〕劉廣定，〈中國古代的紙和造紙術〉，《科學月刊》，一二卷二期（民國 70 年 2 月），頁 24。

〔註13〕（1）林貽俊，前引書，頁 140～141。（2）不著撰人，〈明清防蠹紙的研究〉，《文史集林》，四輯（台北市：木鐸出版社，民國 70 年 1 月出版），頁 193～196。

〔註14〕李文裿，〈中國書籍裝訂之變遷〉，喬衍琯、張錦郎編，《圖書印刷發展史論文集》（台北市：文史哲出版社，民國 71 年校訂初版），頁 460。

〔註15〕（1）劉廣定，前引文。（2）後魏賈思勰，前引書。

〔註16〕（宋）王古心，《筆錄》（台北市：藝文印書館，《百部叢書集成》本）。

〔註17〕（明）周嘉冑，《裝潢志》（台北市：藝文印書館，《百部叢書集成》本），頁 10。

〔註18〕林貽俊，前引書，頁 142。

〔註19〕前引書，頁 114～115。

著墨，遇熱又會溶解使紙頁黏結，所以書籍用蠟紙印寫的極爲少見，最著名的是宋蘇州承天寺所造的金粟箋，用硬黃繭紙兩面磨蠟，書寫佛經萬卷，藏於海鹽金粟寺中〔註20〕。至於以桐油之類的油脂染紙，雖然防水效果極佳，卻無法施墨，是作爲糊窗與製傘用的〔註21〕。

第二節　藏書樓位置的選擇與建築設計

　　收藏的文獻典籍一多，自然需要有一個特定的地方來存放，才方便整理與使用。殷墟的考古挖掘，已經證明三千年前即有內藏二萬餘片甲骨的窖穴〔註22〕，以後歷代的公私藏書處所，雖然有館、閣、樓等種種不同名稱，但整理保存書籍的目的則一。藏書樓的設置，既然有其特定目的，所以就要考慮其地點的適當和建築設計的合用，尤其要避免各種書害的發生而損及所藏。

　　《藏書十約》中說：「藏書之所，宜高樓；宜寬敞之淨室；宜高牆別院，與居宅相遠。室宜近池水，引濕就下，潮不入書樓〔註23〕。」高樓與寬敞淨室，可以避潮濕與灰塵；與住屋相遠的高牆別院，則可防火災波及和家戶害蟲侵入；近池水，除了有利排水外，遇火警可以就近取水撲救，排水良好的池塘還可以疏導水患。選擇這種地點做爲藏書所在，可以對自然性和生物性的書害，有妥善的事先防範，是十分理想的藏書所在。這種理想的地點，固然不是到處都有，然而卻是前人經驗累積綜合歸納的結果。此外，古人書樓所在，「常擇山水秀麗之區，非唯遠避市人塵囂，抑且啓發靈思雅興。」〔註24〕例如宋朱敬之萬卷樓，「南則道人三峯，北則石鼓山，東南則白渚山。煙嵐雲岫，洲渚林薄，更相映發，朝暮萬態〔註25〕。」衛湜之櫟齋，則「其地有江湖曠逸之思，囿有花石奇詭之觀，居有臺館溫涼之適〔註26〕。」還有藏書家爲了防火防盜，將書樓建於池中小島，來往以小舟通之，入夜即收起〔註27〕。可見藏書人用心之苦。

〔註20〕（清）張燕昌，《金粟箋說》（台北市：藝文印書館，《百部叢書集成》本），頁 2，10。

〔註21〕劉廣定，前引文，頁 25。

〔註22〕蘇瑩輝，〈從考古學上的新發現論圖書館起源〉，《圖書館學報》，二期（民國 49 年），頁 35～36。

〔註23〕（清）葉德輝，《藏書十約》（台北市：成文出版社，《書目類編九》（一）），頁 41030。

〔註24〕潘銘燊，《宋代私家藏書考》，《華國》，六期（1971 年 7 月），頁 232。

〔註25〕（清）葉昌熾，《藏書紀事詩》，卷一（台北市：世界書局，民國 69 年），頁 43。

〔註26〕前引書，卷一，頁 5。

〔註27〕陳登原，《中國歷代典籍考》（台北市：盤庚出版社，民國 68 年），頁 470。

在藏書樓的建築設計上，隋代的觀文殿「每三間開方戶，垂錦幔，上有二飛僊，戶外地中施機發。帝幸書室，有宮人執香爐前行，踐機，則飛僊下收幔而上，戶扉皆自啓，出則復閉如故。」〔註28〕其精巧如同今日的自動門窗，北宋崇文院則「輪奐壯麗，甲於內庭」，四週並引水築池，廣植花木，以雕木作書架，用青綾爲簾幕〔註29〕，也是極爲華麗。然而書樓設計，總以實用爲主，自宋代起，公私藏書樓的設計，大致都是書庫設於樓上，閱室置於樓下〔註30〕，四週開窗，內部高敞，以求明亮通風。書置於樓上可免卑濕，並與樓下閱室相隔，以避閒雜人等進入，兼有防盜防塵防蟲的功能。

古代書樓設計最爲合用的，首推明范氏天一閣，其格式（見圖四）爲：

圖四：范氏天一閣平面圖

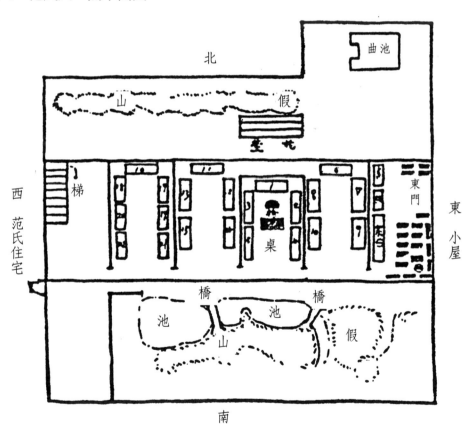

〔註28〕（宋）馬端臨，《文獻通考》，〈經籍考〉，卷一七四（台北市：新興書局，民國54年），頁1506。

〔註29〕黃潮宗，〈宋代的國立圖書館〉，《大陸雜誌》，四六卷二期（民國62年8月），頁84。

〔註30〕潘銘燊，前引文，頁234。

坐北向南，左右磚瓷爲垣，前後簷上下均設門窗。其樑柱俱用松杉等木，共六間。西偏一間安置樓梯，東邊一間以近牆壁，並不貯書，惟居中三間，排列大櫥十口，內六櫥，前後有門，兩面貯書，取其透風。後列中櫥二口，小櫥二口。又西一間，排列中櫥十二口。櫥下各置英石一塊，以收潮濕。閣前鑿池，其東北隅又爲曲池。傳聞鑿池之始，土中隱有字形如「天一」二字，因悟「天一生水」之義，即以名閣。閣用六間，取「地六成之」之義，是以高下深廣，及書櫥數目尺寸，俱含六數〔註31〕。

其設計雖稱六間，但實爲一通室，而以書櫥間隔，左右靠牆處均不置書，以免潮濕。以磚瓷爲牆，目的是在避火，樑柱地板仍爲木質，清高宗上諭所謂「天一閣純用磚瓷，不畏火燭」，應爲錯誤傳言。清修四庫時，曾以天一閣之建築式樣爲範本，建七閣以貯《四庫全書》（如圖五）。

〔註31〕（1）（清）王先謙，《乾隆朝東華錄》，卷七九（台北市：大東書局，《十二朝東華錄》本）。（2）平面圖取材自錢南揚，〈天一閣之現狀〉，《國立北平圖書館館刊》，五卷一期（民國21年1月），頁34。

圖五：清文淵閣平面圖〔註32〕

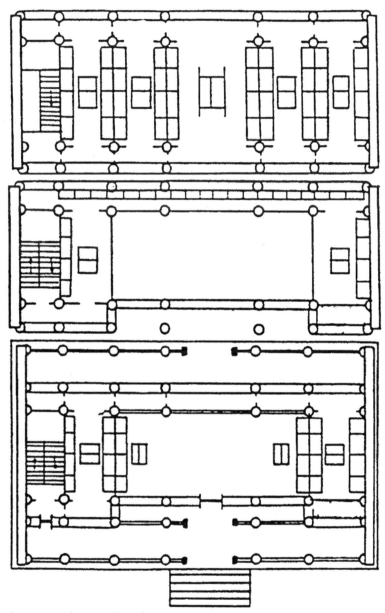

文淵閣之建築仿自天一閣，但內部書架配置則有不同。圖中自上而下為二樓、夾層、一樓。方格為書櫥，圓點為支柱；一樓大廳挑空，四週則有一凹形夾層〔註33〕，此為天一閣所無。

〔註32〕Wong , Wenson, "The development of library building in China" Library Journal 64（1939），pp.295～298。

〔註33〕前引文。

　　類似天一閣的建築設計，普遍為明清藏書樓所採用，其優點是儲存與使用的功能並重，通風良好能避潮濕。但其藏書號稱四百年不散，實多得益於嚴密的管理制度，書樓應只佔部分之功而已。

　　另一種藏書樓的設計，則可以明清內廷典藏實錄的皇史宬為代表。其建築取「金匱石室」之意修建，格式如下：

> 　　外院長方形，入其三座門則為內院。有北殿（正殿）廡七楹（應為九楹），東西殿廡各五楹。楹前各有高臺，惟均無廊。而屋簷至短，與其他宮殿式建築迥異。扉牖楹楣均以石代之。此（正）殿之扉牖，在其左右兩牆，而位置高，以致殿中光線極弱。殿有五門，其在中間之三門距離較近，左右二門則較遠。入門則見五尺餘之高臺，臺前有階，由階上臺，則金漆櫃也。櫃極美觀，以銅覆之而雕以龍，每行南北七櫃，東西二十三行，計得一百六十一櫃。……每櫃中則藏中文、滿文及蒙文之聖訓或實錄，均以紅綾包裹之。歷年雖久，而毫無潮濕或蟲嗅之患。……其東西兩殿廡各有三門，而扉牖具為小四方形，凡三十有一，聚接於房簷之下。（見圖六）〔註34〕

圖六：皇史宬正殿圖

〔註34〕（1）袁同禮，〈皇史宬記〉，（《圖書館學季刊》，二卷三期，民國16年10月），頁444。

　　　　（2）圖取材自毛白鴿等編，《北京百科全書‧彩圖、地圖集》（北京市：奧林匹克出版社，1991年），頁44。

皇史宬正殿內檔案櫃

　　皇史宬的建築，除少數地方用木材外，幾乎全用磚石，窗戶小而高，數量又少，所以光線陰暗通風不良，此種石室最易生潮濕，故又設高臺以置書櫃。木質之書櫃不免腐爛，所以用銅皮包覆密封，其中圖籍再以紅綾包裹，如此才能隔絕濕氣蠹蟲。

　　皇史宬是純為典藏而建的書樓，防火性絕佳，書籍密封於銅櫃中，不輕易開啟示人，樓中亦不設閱覽座位，就保存而言，是最好的設計，但是不適合一般藏書樓採用，因為如此典藏，書籍無法供人閱讀，反而失去了真正的價值所在。所以即使「石倉藏書最好，可無火患，而且堅久」〔註35〕，若用於一般書樓建築，通風不良空氣晦悶潮濕，又常常開箱取用翻閱，則不免蟲黴鼠嚙百病叢生。

　　書樓中的書櫃門窗亦有講究，如《藏書紀要》與《藏書十約》中所述：

　　　　書櫃須用江西杉木或川柏銀杏木為之，紫檀花梨小木易於泛潮，不可用做一封。書式朴素精修為妙，請名手集唐句刻於櫃門上，用白銅包角裝訂，不用花紋，以雅為主，可分可併，趁屋高下置於樓上。

　　　　由上而下，以三櫥為一連，櫥寬工部尺一尺八寸，高二尺。每櫥列書三行。合三櫥一連，高六尺，並坐架一尺二寸，共七尺二寸，取閱時不至有伸手之勞。

〔註35〕（清）孫從添，《藏書紀要》（台北市：新文豐出版公司，民國73年），頁29～30。

四面窗櫺須要透風，窗小櫺大；樓門堅實，鎖要緊密，式要精工〔註36〕。

書籍置於櫃中，目的在於防蟲防塵與防潮，且便於搬運曝曬；窗窄柱寬，樓門堅實，都是爲了防止宵小潛入；書櫥置於樓上，可免卑濕水患及外人順手竊取。

第三節　藏書的管理

聚書固然不易，聚後不加整理編帙、庋架列藏以便取閱，則無異廢紙一堆；入藏後不能善加管理，任令毀散，則書越聚越少，反而累及珍善秘本，不如不聚。良好的藏書管理，有賴於完善的制度和確實的執行，書籍入藏後，舉凡編目、校勘、庋架、閱覽以至防蟲除黴曝曬修補，都是繁瑣而持續的工作，需要詳密的規則和持之以恆的精神。古代藏書家何止千百，能以管理完善而著稱於後世的，不過天一閣、鐵琴銅劍樓等數家而已，可見只憑對書籍的熱愛與嗜好，而無完善的典藏制度做爲支持，藏書想要在種種書厄中傳留後世，幾乎是件不可能的事。

一、藏書的編目與庋架

古代公私藏書的編目工作，實際包括分類與編目兩項。但分類之法，各家見解互異，部次類目多有不同，其源流變遷與優劣長短，已成中國目錄學中的專門學問。此處所稱的編目，是指藏書家對書籍入藏後的著錄登記工作。編目方法，以《藏書紀要》中記敘最詳：

> 每一種書分一類，寫某書若干卷，某朝人作，該寫著者、編者、述者、撰者、錄者、注者、解者、集者、纂者，各各寫清不可混。書係宋板、元板、明板、時刻、宋元鈔、舊鈔、明人鈔本、新鈔本，一一記清，校過者，寫某人校本。下寫幾本或幾冊，有套無套。一種門類寫完後，存白頁以修增寫。新得之書，編成一部，末後記書若干部，共若干冊總數於後，以便查閱有無，將來即爲留傳之本。其分年代不能全定，因得書先後不一，就其現在而錄之可也。……宋元刻本鈔本目錄，亦照前行款式寫，但要寫明北宋、南宋、宋印、元印、明印本、收藏跋記圖章姓名、有缺無缺、校與未校〔註37〕。

其著錄的詳細程度，較今日圖書館使用的編目規則，有過之而無不及。至於尙

〔註36〕（1）前引書，頁29。（2）（清）葉德輝，前引書，頁41025。
〔註37〕（清）孫從添，前引書，頁25～26。

未入櫃之書，如「書房架上書籍，目錄未及訂之書，在外裝訂之書，鈔補批閱之書，各另立一目，候有可入收藏者，即歸入櫃，增上前行各款書目內可也〔註38〕。」

度架之前，以細楷書寫書名卷數於書根，或襲古代卷軸插架之法，另以紙籤以資識別，取閱時就不必逐本翻檢，開櫃即可一目瞭然。添寫書根，也有其訣竅，《翰苑珍聞》一書中記其法爲：

> 寫書根之字，若昧之下筆，上有油氣，墨滑走不附，而且濡筆，莫想成佳書，舊書則尤甚。故無論新書與舊書，均以緩乾濕手巾，揩拭一遍，使稍含濕氣，但過濕則墨散，過燥仍不著，總以不溫不燥爲宜，筆頭務須飽含墨汁，即能揮洒自如〔註39〕。

宋代書籍係直立插架，「書背向上，灰塵下墜不侵書首〔註40〕。」明清時則多平放，外覆函套或夾板以防灰塵蟲黴。「書放櫃中或架上，俱不可併，宜分開寸許，放後亦不可放足，書要透風則不蛀不霉〔註41〕。」書櫃排列方法，則大體依分類部次順序，櫃門上書寫經史子集、甲乙丙丁或天地玄黃等〔註42〕，以爲前後次序。遇有「單本一二卷者，袖珍巾箱長不及五寸，大本過尺者，以別櫥度之〔註43〕。」此種排架方法，與現代圖書館極爲類似。

詳細的編目和井然有序的排架，可使藏書有完整的記錄與固定的放置所在，便於取閱和清點，如有損傷或遺失也易於查覺，是典藏管理的第一步工作。

二、藏室管理

孫氏《藏書紀要》云：「收藏書籍不獨安置得法，……若安置雖妥，棄置不管，無不遺誤〔註44〕。」書籍入藏後，仍要時時注意，防範蟲鼠滋生，水火災厄和宵小盜竊。以下舉數家藏室管理律例，不難得知其預防書害之意矣。

明祁承㸁《澹生堂藏書約》：

> 入架者不復出，蟲嚙者必速補。子孫取讀者，就堂檢閱，閱竟即入架，不得入私室。親友借觀者，有副本則以應，無副本則以辭，正本不得出密園外。書目視所益多寡，大較近以五年，遠以十年一編次。勿分析、勿覆

〔註38〕 前引書，頁27～28。
〔註39〕 霍懷恕，〈線裝書籍保護法〉，《學風》，五卷五期（民國23年5月），頁9。
〔註40〕 李文裿，前引文，頁451。
〔註41〕 （清）孫從添，前引書，頁30～31。
〔註42〕 陳登原，《天一閣藏書考》（台北市：古亭書屋，民國59年影印），頁54。
〔註43〕 （清）葉德輝，《藏書十約》，頁41025。
〔註44〕 （清）孫從添，前引書，頁29。

瓿、勿歸商賈手〔註45〕。

范氏天一閣：

> 書葉內夾有芸草以避蠹，書架架底則又置有浮石，云可以免於潮濕〔註46〕。

> 不使持煙火者入其中，……凡閣廚鎖鑰，分房掌之。禁以書下閣梯，非各房子孫齊至，不開鎖。子孫無故開門入閣者，罰不與祭三次；私領親友入閣及擅開廚者，罰不與祭一年；擅將書借出者，罰不與祭三年；因而典鬻者，永擯逐不與祭〔註47〕。

孫從添《藏書紀要》：

> 書分新舊鈔刻，各置一室封鎖，匙鑰歸一經管。每一書室一人經理，小心火燭，不致遺失。……藏書斷不可用套，常開看則不蛀；櫃頂用皂角炒爲末，研細鋪一層，永無鼠耗；恐有白蟻，用炭屑、石灰、鍋鏽鋪地，則無蟻。櫃內置春畫避蠹魚；供血經於中可避火。……安置書架，勿於近窗併壁之處。案頭之書，三日一整方不錯亂，收藏之法，惟此爲善也〔註48〕。

梁鼎芬《豐湖書莊四約》：

> 書箱布列，不可太密，宜疏行以通氣，箱腳宜用瓦器盛之，中藏石灰，可避濕，可去蟻。每日清晨，看守書藏之人，開樓窗，開箱門，日落時一一關閉完密，不得誤忽。……樓上禁吸水煙，晚間禁止上樓。燈燭要謹慎，晚間禁止借書。院內牆壁每生白蟻，最宜小心，凡安放書架切弗近牆。箱內書頭處有空地，易招鼠耗，小書本尤宜留心。箱內易生蠹魚，用辟蠹散最好，否則用香烈之品，亦可防禦。然終以人力爲主，能勤檢理，所勝多矣。每格內放書不可太密，密則難取，高則逼緊，易於皺折。凡放書，每行末一本，卷尾最易抽壞，宜分工放好，要整齊，勿忙急。外省書籍多用布套紙套，最易生蟲，切弗有此。樓上兩廊可放書架，不宜度箱，此處風日喧曝，易損書籍〔註49〕。

葉德輝《藏書十約》：

> 書樓宜四方開窗通風，兼引朝陽入室。遇東風生蟲之候，閉其東窗。

〔註45〕（明）祁承㸁，《澹生堂藏書約》（台北市：新文豐出版公司。民國73年），頁6。

〔註46〕陳登原，前引書，頁33。

〔註47〕（清）阮元，〈寧波范氏天一閣書目序〉，《揅經室集》，二集七卷（台北市：藝文印書館，《百部叢書集成》本）

〔註48〕（清）孫從添，前引書，頁30～31。

〔註49〕梁鼎芬，《豐湖書莊四約》，（見劉伯驥《廣東書院制度》），頁362～363。

窗櫥俱宜常開，樓居尤貴高敞，蓋天雨瓦濕，其潮氣更甚于室中也。……春夏之交，宜時時清理，以防潮濕。四五月黃霉，或四時久雨不晴，則宜封閉；六七月以後至冬盡春初，又宜敞開。櫥下多置雄黃石灰，可避蟲蟻；櫥內多放香烈殺蟲之藥品，古人以芸草，今則藥草多矣，肉桂香油或嫌太貴，西洋藥水藥粉品多價廉，大可隨時收用。食物引鼠，不可存留；燈燭字簍引火之物，不可相近。……閱過即時檢收，以免日久散亂。非有書可以互鈔之友，不輕借鈔；非真同志著書之人，不輕借閱。舟車行笥，其書無副本者，不得輕攜。遠客來觀，一主一賓一書童相隨，僕從不得叢入。藏書之室，不設寒具，不著衣冠，清茗相酬，久談則邀入廳室〔註50〕。

另有專記藏書避蠹防蟲之法者，如：

《夢溪筆談》云：

> 古人藏書，辟蠹用芸。芸，香草也，今人謂之七里香是也。葉類豌豆，作小叢生，其葉極芬香，秋後葉間微白如粉汁。辟蠹殊驗，南人採置席下，能去蚤蟲。予判昭文館時曾得數株於潞公家，移植秘閣後，今不復有存。香草之類，大率多異向，所謂蘭蓀，蓀，即今菖蒲是也；蕙，今零陵香是也；茝，今白芷是也〔註51〕。

《文房肆譜》云：

> 古人藏書多用芸香辟蠹，即今俗名七里香也；春時開細白花，滿樹清香逼人，葉類豌豆叢生，亦極香，秋後葉間微白如粉，採置席下，能去蚤虱，非楓脂白膠香也〔註52〕。

《傳家寶》云：

> 辟蠹之法極多，或用樟腦，或香蒿，或用煙葉，或用花椒，總不若芸香薰之為第一。其法於伏日曬書之後，堆滿櫃櫥，預留火爐空處，用炭火一爐。燒起芸香，使香煙繚繞，則蟲不生〔註53〕。

以上三條，均以芸香為辟蠹妙品，惟可避蠹之物，尚不盡此。《行廚集》云：

> 麝香置書笈中，可以避蠹。又：蘭花陰乾藏書中，亦能避蠹〔註54〕。

以上所舉各家藏書管理的方法，可歸納為幾點：

〔註50〕（清）葉德輝，《藏書十約》，頁41030～41031。
〔註51〕（宋）沈括，《夢溪筆談》，卷二（台北市：商務印書館，《四庫珍本》）。
〔註52〕蘇易簡，《文房四譜》，卷三（台北市：商務印書館，《四庫珍本》）。
〔註53〕霍懷恕，前引文。
〔註54〕前引文。

（1）嚴出入。書籍入藏後，即編目列冊，非必要不出書樓，「如有人借閱取鈔，即填明書目，上某年某月某日某人借或取閱，一月一查，取討原書，即入原櫃〔註55〕。」取回時尤需注意有無裁割塗改變造等情形。范氏天一閣規矩最嚴，私自將書攜出借閱者，可罰不與家祭三年，典賣商賈者，則逐出門牆。

（2）禁外人。書樓如有閒雜外人時時出入，所藏不免遭人順手盜去，或是污損破壞。即是親友來訪借閱，也要由主人取至樓下閱室，旁人不得到樓上書櫃任意瀏覽。

（3）避潮濕。書室高敞，四週開窗，書櫃相間，都是為了使空氣流通，避免潮氣聚集，致使書籍霉爛生蟲。天一閣於書架下所置「浮石」（又名英石），即乾燥之多孔水成岩，具有若干吸濕效果〔註56〕。

（4）防蟲鼠。古人藏書防蟲蠹鼠嚙的方法，除避潮濕和禁於書室中飲食，以防食物殘屑吸引蟲鼠外，主要是以各種藥物來防治，如芸草、樟腦、煙葉、花椒、麝香、皂角末、炭屑、石灰、雄黃和肉桂等等，這些防蠹藥品，是以其異香、苦味或毒性，來達到除蟲的效果。其中以芸草最為著名，「古者秘閣藏書置芸以避蠹，故號芸閣」〔註57〕，其別名又稱七里香或百花除蟲菊〔註58〕。天一閣藏書即置有大量芸草，但其藥效時間有限，需時常更換，所以天一閣藏書因為局鑰太嚴，後世子孫不能經常入樓整理更換，芸草和浮石都失去其效用，至清朝中葉，已有不少藏書遭蟲蠹所傷〔註59〕。

（5）慎煙火。藏書最忌火，書樓不得點燈，不近煙火為各家通例。書用櫃裝，櫃相間隔，其中也有失火時便於搶救的功用。

（6）勤查檢。書籍經常翻動清點，可以防佚失和蟲黴，遇有破損也可以即時修補。天一閣藏書及內閣大庫檔案，未能定期清點，任其堆置，是遭腐壞散佚的主要原因〔註60〕。

（7）妥安放。書籍閱後，即依目錄歸於原位，以免堆積散亂。櫃中書籍放置不可太高太密，否則抽取歸放不易，容易傷及書葉裝訂，也容易滋生書蟲。

〔註55〕（清）孫從添，前引書，頁 27。

〔註56〕趙萬里，〈重整范氏天一閣藏書記略〉，李希泌編，《中國古代藏書與近代圖書館史料》（台北市，仲信出版社，民國 73 年），頁 430。

〔註57〕（清）康熙敕撰，《古今圖書集成》，〈草木典〉，卷 108（台北市：文星書局影印），冊六，頁 156。

〔註58〕趙萬里，前引文。

〔註59〕陳登原，前引書，頁 33。

〔註60〕李學智，〈內閣大庫檔劫餘秘辛〉，《出版與研究》，四十期（民國 68 年 2 月），頁 6～7。

三、曝　書

　　藏書管理的方法多種，「然以曝書最爲主要〔註61〕。」曝書可同時達前述避潮濕、防蟲鼠、勤查檢等各項功能。漢唐時即有曝書會〔註62〕，至宋時大盛，士大夫之間有曝書會〔註63〕，秘書省有曝書宴〔註64〕，此種集會，除定期曝曬整理藏書外，還有士大夫之間聯絡情誼，切磋學問的意義。元代秘書監也有定期曝書之例〔註65〕。明代內府藏書如文淵閣、皇史宬亦於每年六月初六曝曬〔註66〕。清乾隆時，因文淵閣《四庫全書》「卷帙浩繁，非一時所能翻閱，而多人抽看曝曬，易致損污，入匣時復未能詳整安儲」〔註67〕，而免去曝書之例。

　　私人藏書則多有定期曝書之舉，如宋司馬光，「每歲以上伏及重陽，閒視天氣晴明日，設几案於當日所，側群書其上，以暴其腦。所以年月雖深，終不損動〔註68〕。」天一閣范氏子孫「例於黃梅節後，公集曝書〔註69〕。」瞿氏鐵琴銅劍樓藏書，「每歲必取出一曝，而曝書有一定時日，故所藏書，因保存與曝書之得法，能歷久不蠹〔註70〕。」

　　曝書之法，《藏書紀要·曝書》條最爲詳盡：

> 曝書須在伏天，照櫃數目挨次曬。一櫃一日曬書用板四塊，二尺闊一丈五六尺長，高櫈擱起，放日中。將書腦放上面，兩面翻曬，不用收起，連板抬風口涼透，方可上樓。遇雨，抬板連書入屋內擱起最便。攤書板上，須要早涼，恐汗手拿書沾有痕跡，放收入櫃亦然。入櫃亦須早，照櫃門書單點進，不致錯混。倘有該裝訂之書，即記出書名，以便檢點收拾。曝書初秋亦可〔註71〕。

其他如《考槃餘事》云：

> 藏書於未梅雨之前，曬極爆，俟冷定，入笈中，以紙糊門外及小縫，

〔註61〕張璉，《明代中央政府刻書研究》，中國文化大學史學研究所碩士論文，頁108。
〔註62〕（清）孫從添，前引書，頁32。
〔註63〕潘銘燊，前引文，頁223。
〔註64〕不著撰人，《館閣續錄》，卷六（台北市：商務印書館，《四庫珍本》），頁9～10。
〔註65〕（元）王士點，《秘書監志》，卷六（台北市：商務印書館，《四庫珍本》），頁6～7。
〔註66〕張璉，前引書，頁102。
〔註67〕（清）王先謙，前引書，卷四二。
〔註68〕（明）祁承㸁，前引書，頁22。
〔註69〕陳登原，前引書，頁33。范氏子孫雖有每年定期曝書之例，但因書樓鑰匙分房掌管，曝書之時不一定全數到齊，且至後代愈加疏忽，其藏書終不免爲蠹傷黴爛。
〔註70〕藍文欽，《鐵琴銅劍樓藏書研究》，台灣大學圖書館學研究所碩士論文，頁146。
〔註71〕（清）孫從添，前引書，頁30～31。

令不使通風，蓋蒸氣自出而入也〔註72〕。

《傳家寶》云：

> 伏天晴日，早晨將書於有日空處，逐本展開。至午後，翻覆再曬，將晚收起，俟冷透，疊入箱櫃，不可隨便收藏〔註73〕。

又如《清嘉錄》中記江南曝書風俗甚詳，文亦有趣，照錄於後，以見曝書風氣在民間及官府流行之一般，其原文云：

> 曬書六月故事，人家曝書籍圖畫於庭，云蠹魚不生，潘弈雋六月六日曬書詩云：「三伏乘朝爽，間庭散舊編，如游千載上，與結半生緣，讀喜年非臺，題驚歲又遷，呼兒勤檢點，家世只青氈。」又案語云：「按孫（孫當作沈）德符野獲編，六月六日，內府皇史曝列聖實錄御製詩文集大凾，為每歲故事。錢思元吳門補乘亦云：「六月六日曝書畫；崔實四月民令則以七月七日暴經書衣裳不蠹」〔註74〕。

曝書的時間，因各地風土氣候的不同，故有差異。另如《藏書十約》所記：

> 古人以七夕曝書，其法亦未盡善，南方七月正值炎薰，烈日曝書，一嫌過於枯燥，一恐暴雨時至，驟不及防。且朝曝夕收，其熱非隔宿不退，若竟收放廚內，數日熱力不消，不如八九月秋高氣清，時正收斂，且有西風應節，藉可殺蟲。南北地氣不同，不可不辨者也〔註75〕。

照上面所引看來，可得一結論：曝書的時間，大約以芒種或未梅雨以前，伏暑，及秋初等時為最好。曝書的方法，宜將書腦朝上放置，兩面翻曬，這是各家所公認的〔註76〕。

書籍曝曬後，不能立即放回櫃中，是因書葉中的水分多已蒸發，須待其涼透，回吸部分水氣之後，紙張才不致變為焦脆易裂，墨色也才不易變質。而且尚存餘熱的書冊收回櫃中，溫度累積昇高，會促使蠹蟲更加活躍，反而造成更嚴重的書傷〔註77〕。

四、惜　書

〔註72〕（明）屠隆，《考槃餘事》（台北市：藝文印書館，《百部叢書集成》本）。
〔註73〕霍懷恕，前引文，頁8。
〔註74〕（清）顧祿，《清嘉錄》，筆記小說大觀第二輯（台北市：新興書局，《四部集要》本）。
〔註75〕（清）葉德輝，《藏書十約》，頁41031。
〔註76〕霍懷恕，前引文。
〔註77〕（明）謝肇淛，《五雜俎》，卷九（台北市：藝文印書館，《百部叢書集成》本）云：「日曬火焙固佳，然必須除冷，而後可入廚，若熱而藏書之，反滋蠹矣。」

「善讀書者，往往愛惜書籍」〔註78〕。藏書家求購善本既難，故對所得到的書籍十分珍惜，如宋人晏殊「暇時手自持熨斗，貯火於旁，炙香匙親熨之〔註79〕。」展卷閱讀時也是小心翼翼，唯恐一時不慎，損及書冊的完整。司馬光自稱其讀書時，「必先視几案潔淨，藉以茵褥，然後端坐看之。或欲行看，即承以方版，未嘗敢空手捧之，非惟手汗漬及，亦慮觸動其腦。每至看竟一版，即側右手大指，面襯其沿，而覆以次指，捻面撚而挾過，故得不至揉熟其紙。」其小心如此，故「晨夕所常閱者，雖累數十年，皆新若手未觸者〔註80〕。」元趙孟頫亦云：「善觀書者，澄神端慮，淨几焚香。勿捲腦，勿折角，勿以爪侵字，勿以唾揭幅，勿以作枕，勿以夾刺。隨損隨修，隨開隨掩〔註81〕。」

更有藏書家將其所藏珍善本，視為至寶，偶有翻閱時，珍惜愛護之心超越常情，如下舉二例：

米元章《洗手帖》云：

> 每得一書背託，入奩，印以米氏秘玩書印。閱書之法，二案相比，某濯手親取，展以示客。客拱而憑几案，從客細閱，某趨去於前，客曰：「展」，某展；客曰：「卷」，某卷。客據案甚尊。某執事甚卑，舍供執卑者，止不欲以手衣振拂之耳〔註82〕。

《中國藏書家考略》載稱：

> 王定安，清時人。嘗得宋槧《孟子》，舉以誇海寧陳其元。陳請一觀，則先令人負一櫝，櫝啟，中藏楠木匣，開匣乃見。書之紙墨亦古，所刊筆畫，亦無異於今之監本〔註83〕。

重視書籍，愛惜書籍，是歷代士人的優良傳統，但書籍總不免因兵火蟲蠹而散失，因此愛惜書籍的積極方法，就是別置副本，專供閱覽或典藏他處，以避免一旦損傷即絕傳後世。《隋書·經籍志》載開皇年間將所得典籍，分錄為正副二本藏於宮中，煬帝時將秘閣之書，寫五十副本，分置西京、東都之宮省官府；宋真宗時，將館閣所藏另寫兩部分置〔註84〕；明永樂年，將南京文淵閣書分鈔一部，以舟運至北

〔註78〕潘銘燊，前引文，頁238。
〔註79〕（清）葉昌熾，前引書，卷一，頁12。
〔註80〕（宋）費袞，《梁溪漫志》，卷三（台北市：藝文印書館，《百部叢書集成》本）。
〔註81〕陳彬龢，《中國書史》（台北市：盤庚出版社，民國68年），頁142～143。
〔註82〕霍懷恕，前引文，頁3。
〔註83〕楊立誠、金步瀛合編，《中國藏書家考略》（台北市：文海出版社，民國60年影印），頁42。
〔註84〕潘美月，《宋代藏書家考》（台北市：學海出版社，民國69年），頁19。

京文淵閣庋藏；清代則以《四庫全書》分藏內外七閣之事，最為著名。

私人藏書別置副本的事例，如唐憲宗時，柳公綽家藏典籍萬餘卷，皆有三本，一本尤華麗者鎮庫，次者平日閱覽用，再次者則供子弟頌讀學習。北宋王欽臣，藏書四萬三千卷，每得一書，先以廢紙鈔之，與別本參校，至無誤差則善寫之，以此供借人及子弟觀之，另再別寫一本，以絹素褾之，號稱「鎮庫書」，不輕易示人〔註85〕。明祁承㸁所藏書亦有別寫副本，以供親朋借閱〔註86〕。其目的不外是預防閱讀時污損竊割，或遇水火之災，猶可補緝，不致全毀〔註87〕。

第四節　破損書籍的裝訂與修補

書籍聚散無常，輾轉流傳間不免會受到不同程度的人為或自然的損毀。有的書葉被蟲蛀、鼠咬，形成千瘡百孔；有的遭水浸受潮，紙色變黃或結成硬塊；或是發黴發酵，紙張腐爛；還有風吹日曬、煙薰火烤，書葉觸手即破；其他如裝訂散落，版心磨裂和頁次殘缺等種種情形，都需要細心修補裝訂，才能恢復書籍原來的面貌〔註88〕。《裝潢志》中也說：「前代書畫傳歷至今，未有不殘脫者。苟欲改裝，如病篤延醫，醫善則隨手而起，醫不善隨劑而斃〔註89〕。」可見藏書裝裱工作的重要，否則舊弊未去，新病又起，苦心聚集的書籍仍不免損毀，原來完整的冊葉也會受到波及。所以古人在書籍入藏前，多會一一細心檢視，有破損的重行裝裱；已有的藏書也會定期查點曝曬，發現有黴斑蠹痕即檢出修補，如此才能與其他的典藏管理方法配合，維護藏書的完整妥善。

書籍裝裱修補的技術頗為專門，藏書家多半是交由專事裱褙的工匠處理〔註90〕，其程序大致可分為拆葉去污、黏貼版心，補襯缺損、打孔裝捻、裁切整齊和穿線裝訂四個步驟。對於不同原因和程度的書傷，要有不同的處理方法，使用材料上，儘量要與原書一致，或是性質相近的紙張漿糊，使新舊合宜不致脫落，也不易看出破爛修補的痕跡。《藏書紀要》中所載書籍裝訂修補的原則與方法，是明清兩代藏書家經驗的歸納總結，值得參考：

〔註85〕張舜徽，《中國古典文獻學》（台北市：木鐸出版社，民國72年），頁218～220。

〔註86〕（明）祁承㸁，前引書，頁6。

〔註87〕潘美月，前引書。

〔註88〕吳哲夫、林茂生，〈善本古籍保管維護及修裱方法的概說〉，古籍鑑定與維護研習會編，《古籍鑑定與維護研習會專集》（台北市：中國圖書館學會，民國74年），頁318。

〔註89〕（明）周嘉胄，前引書。

〔註90〕潘銘燊，前引文，頁223。

　　裝訂書籍，不在華美飾觀，而要護帙有道，款式古雅，厚薄得宜，精緻端正，方爲第一。……書面用古色紙細絹包角，裱書面用小粉糊，入椒礬細末於內，太史連三層，裱好貼於板上挺足，候乾揭下壓平用，須夏天做秋天用。摺書頁要摺得直、壓得久、捉得齊，乃爲高手。訂書眼要細，打得正而小，草訂眼亦然，又須少，多則傷書腦，日後再訂，即眼多易破，接腦煩難。天地頭要空得上下相趁。副頁用太史連，前後一樣兩張。截要快刀截，方平而光，再用細砂石打磨，用力須輕而勻，則書根光而平，否則不妥。訂線用清水白絹線雙根，訂結要訂得牢，歙得深，方能不脫而緊。

　　至於修補舊書，襯紙平伏，接腦與天地頭，並補破貼欠口，用最薄棉紙熨平，俱照補舊畫法，摸去一平，不見痕跡，弗覺鬆厚。……有模糊之處，或字腳欠缺不清，俱用高手摹描如新，看去似刻最爲精妙。書套不用爲佳，用套必蛀。……糊裱宜夏，摺訂宜春，若夏天摺訂，汗手並頭汗滴於書上，日後泛潮，必致霉爛生蟲，不可不防。凡書頁少者宜襯，書頁多者不必；若舊書，宋元鈔刻本，恐紙舊易破必須襯之，外用護頁方妙〔註91〕。

此外，裝裱圖書還須注意所在地方的風土氣候，葉德輝《藏書十約》即說：

　　北方書喜包角，南方殊不相宜，包角不透風則生蟲，糊氣三五年尚在則引鼠。……北方多用紙糊布匣，南方則易含潮，用夾板夾之最妥。夾板以梓木楠木爲貴，不生蟲，不走性，其質堅而輕，花梨棗木次之，微嫌其重，其他皆不可用〔註92〕。

　　至於不同原因書傷的修補方法，近人洪有豐在其《圖書館組織與管理》一書中，綜合古法，敘述甚詳：

　　中國舊書受損，有風傷，蟲咬，霉爛，水濕，撕破之分，而水濕又有有漬無漬之別，故修補之法，各因其類而異。茲分述於下：

（1）風傷。風傷者，書經烈風火逼紙色紅脆，手觸即麟片落地也。此種書大都經過北方之收藏，始能有之。欲修補之，須視其輕重。重者書之兩頭，須用極薄而有韌性之紙補之，然後再行襯紙。若不襯紙，則數十頁相集，兩端必高而中凹，惟襯可免。其傷輕者，只襯可也。

（2）蟲蛀。蛀孔過多者，須補完候乾再襯。若一本祇有數頁，可補而不襯。補蛀孔時，若孔爲數個相連者，可用一紙補之，若不相連續而

〔註91〕　（清）孫從添，前引書，頁 21～24。
〔註92〕　（清）葉德輝，《藏書十約》，頁 41024。

距離稍寬者，須分補之。惟補孔之紙應與孔齊，若溢出范圍，則此孔與彼孔四周所餘之紙相疊，其地位必較他部爲厚也。

（3）霉爛。書經霉爛，若能揭開，尚可修理。惟揭時有難揭者，可用針挑之。揭開後下襯以紙，將墨線字跡對齊，方可下筆托裱。（若用乾補，書將隨筆而去）裱後將下層紙翻上揭去。（倘不將襯紙翻上，遽揭書頁，則書頁早經水濕，必受指揭之損害。）揭後用紙隔乾，約三四張隔書一頁。

（4）水濕。書經水濕，須每頁攤開噴水，用棕刷刷平晾乾再釘。書爲善本，水濕而有漬歷時不過十年者，可用下法洗之。即將鹼水燉於爐上，臨爐用筆醮鹼刷之（全張均要刷到），再用清水漂過至無漬爲度，設仍不清，可用開水沖洗，清水漂之，淨後用紙隔乾〔註93〕。

　　藏書家修補破損的古籍，其意義不只是因爲古籍內容的珍貴，許多後世精校精刻的善本，往往勝於原來的古本。古今藏書家都有所謂的「佞宋之癖」，而宋板書中亦有訛誤已是定論〔註94〕。重要的是，傳世的古籍，其存在與質料就是時代的見證，有時更是歷史演進的證據〔註95〕，換句話說，古籍所具有的年代和其形態，即有歷史價值存在，值得珍藏。所以在修補時，儘量採用與古代相同的方法和材料，使古籍能恢復原有的形貌，應是藏書修補復原的首要原則。

〔註93〕洪有豐，〈圖書館組織與管理〉，洪餘慶編，《圖書館學論文集》（台北市：編者印行，民國57年）。

〔註94〕（清）葉德輝，《書林清話》，卷六，頁156。

〔註95〕班颯（Holmut Bansa），〈珍善本書籍之修護〉，古籍鑑定與維護研習會編，《古籍鑑定與維護研習會專集》（台北市：中國圖書館學會，民國74年），頁371。

第五章　藏書的利用與刊佈

歷代藏書常有珍秘過甚之弊，明末曹溶《流通古書約》中說：

　　　不善藏者，護惜所有，以獨得爲可矜，以公諸世爲失策也。故入常人
　　手，猶有傳觀之望，一歸藏書家，無不綈錦爲衣，旃檀作室，扃鑰以爲常。
　　有問焉則答無，有舉世曾不得寓目，雖使人致疑於散佚，不足怪矣〔註1〕。

此種愛之反而害之的藏書態度，在史料中雖不乏其例，無形之中也形成了另一
種書害，但是爲藏書而藏書的藏書家畢竟是少數，有志藏書者，大半讀書惜書，甚
少有願將其藏書與蠹魚同享歲月的，而多利用所藏以求自身學問的深造，或鈔刻流
傳以利好學之士〔註2〕。

其功德正如吳晗《江蘇藏書家小史》序言中所說：

　　　其精讎密勘，著意丹黃，秘冊借鈔，奇書互賞，往往能保存舊籍，是
　　正舛譌，發潛德，表幽光，其有功於社會文化者至鉅〔註3〕。

又如洪有豐《清代藏書家考》：

　　　各藏書家之經營網羅也，或費手鈔之勤，或節衣食之費；得之艱而好
　　之篤，情壹志專，珍獲逾甚。儲藏裝修一切整理保管之法，無不加意考察，
　　力求至善。雖聚散無常，而楚弓楚得，苟非如絳雲之炬，及裹物代薪之不
　　幸，其他大抵轉相售購，仍多歸於好之而有力者之庫，其愛惜保護一如前
　　也。……故今日之珍藏，實幸往昔藏書家，互相保留，以迄於今也〔註4〕。

〔註1〕（清）曹溶，《流通古書約》（台北市：成文出版社，《書目類編九》（一）），頁41015。
〔註2〕洪有豐，〈清代藏書家考〉，《圖書館學季刊》，一卷一期（民國15年3月），頁40～
　　　41。
〔註3〕吳晗，《江蘇藏書家小史》（香港：中山圖書公司，1972年），頁1。
〔註4〕洪有豐，前引書，頁41。

　　所以說士子學人的讀書、校書、著書、刻書等種種學術工作與貢獻，實皆源於藏書〔註5〕；歷代學術文化得以薪傳發揚，也有賴於無數藏書家的點滴聚集、校勘鈔刻，才能在朝代更迭，或人事變遷中，藉典籍的保存，維繫民族文化於不墜。藏書家對所藏的保管以防散佚的消極措施，已如前章所述，至於其對藏書利用的積極作為，則可析言為：所收書籍的校讎鈔補、藏書的借閱流通及善本的刊刻流傳，如下所述。

第一節　校讎鈔補

　　藏書家重視所藏書籍的校補工作，是因書籍流傳之間，常常遞經多人多次的傳鈔或傳刻，而歷次鈔書、刻書或校書之人，學識有高下優劣，態度有謹慎疏忽，同樣一書，卻時有字句不同、章卷互異的情形發生〔註6〕。如果不能詳加校訂，改正錯誤，則以訛傳訛，後世之人閱讀利用難免導入歧途，誤會其義，反而有害所學，故葉德輝有言：「書不校勘，不如不讀〔註7〕。」

　　藏書家親手校訂鈔補所藏，是極為普遍之事，視為藏書必須的工作，如：

　　宋王欽臣，每得一書，必以廢紙，草傳之，又求別本參校，至無差誤，乃繕寫之〔註8〕。

　　宋宋綬博學好文，藏書皆手自校讎，一書每經三、四校。嘗謂校書如掃塵，一面掃、一面生。其子敏求有乃父風，藏書亦均校三、五遍〔註9〕。

　　南宋岳珂刻九經三傳，自言：「偏旁必辨、圈點必校，不使有毫釐訛錯。」其方法為廣徵副本、精審字畫、詳訂音釋、勘定句讀。校讎的精密謹慎，堪為模範〔註10〕。

　　元袁易好藏書，築靜春堂儲之，堂中有書萬卷，悉手所校定〔註11〕。

　　明史兆斗，喜蓄書，所購率皆秘本，或手自繕錄，積至數千百卷，齋居蕭然，惟事讎校，或偶有所得，輒作小行楷疏注其旁〔註12〕。

〔註5〕藍文欽，《鐵琴銅劍樓藏書研究》，國立台灣大學圖書館學研究所碩士論文，頁19。
〔註6〕吳哲夫，《如何利用版本學知識以從事古書的編目工作》（行政院研考會補助專題研究報告），頁3～4。
〔註7〕（清）葉德輝，《藏書十約》（台北市：成文出版社，《書目類編九》（一）），頁41028。
〔註8〕（清）葉昌熾，《藏書紀事詩》，卷一（台北市：世界書局，民國69年），頁14。
〔註9〕潘銘燊，〈宋代私家藏書考〉，《華國》，六期（1971年7月），頁218。
〔註10〕前引文。
〔註11〕（清）葉昌熾，前引書，卷二，頁61。
〔註12〕前引書，頁83。

　　清代考據學大興，成為學術主流，書籍校讎自然發達。清代藏書家又好刊刻叢書，以自家所藏珍善秘本輯印示眾，以較藏書之盛，故藏書家輯佚校讎之精嚴為歷代之冠。《校讎通義》中，章學誠自述其校書方法為：

　　　　校讎之先，宜盡取四庫之藏，中外之籍，擇其中之人名、地號、官階、書目，凡一切有名可治，有數可稽者，略仿《佩文韻府》之例，悉編為韻，乃於本韻之下，注明原書出處，及先後篇目。自一見再見，以至數千百，皆詳注之，藏之館中，以為群書之總類。至校書之時，遇有疑似之處，即名而求其編韻，因韻而檢其本書，參互錯綜，即可得其至是〔註13〕。

　　此種方法雖然繁瑣費事，但極為科學客觀，亦足代表清代學者治學的踏實態度。至於校書實際的工作程序，孫氏《藏書紀要・校讎條》綜合各家之法，詳記如下：

　　　　每校一書，先須細心紬繹，自始至終，改正錯誤，校讎三四次，乃為盡善。至於宋刻本，校正字句雖少，而改字不可遽改書上，元版亦然。須將改正字句，寫在白紙條上，薄漿浮籤，貼本行上，以其書之貴重也。

　　　　凡校正新書，將校正過善本對臨可也。倘古人有誤處，有未改處，亦當改正。若明版坊本、新鈔本，錯誤遺漏最多，須覓宋元版、舊鈔本、校正過底本或收藏家秘本，細細讎勘，反覆校過，連行款俱要照式改正，方為善本。若古人有弗可考究，無從改正者，今人亦當多方請教博學君子，善於講究古帖之士。又須尋覓舊碑版文字，訪求藏書家秘本，自能改正。

　　　　然校書須數人相好，聚於一處講究討論，尋釋舊文，方可有成，否則終有不到之處。所以書籍不論鈔刻好歹，凡有校過之書，皆為至寶。至於字畫之誤，必要請教明於字學聲韻者，辨別字書音釋，方能無誤。

　　　　若校正刊刻，非博雅君子有力而好古者不能也。書籍上版，必要名手校正，方可刊刻。不然枉費刻資，草率刻成，不但遺誤後人，反為有識者所笑〔註14〕。

　　由上可知，古人校讎，不只要對照不同版本的字句訛異，還要旁徵博引，考據其典故來源，多方引證之後，才定其正誤。這與現代書籍的「校對」工作，在觀念和作法上，都有很大差異，因此一部經過名家精校的書籍，即使為近代所重刻，去古不遠，也會被藏書家視為善本而珍藏〔註15〕。

〔註13〕（清）章學誠，《校讎通義》，卷一（台北市：新文豐出版公司，民國73年），頁14。
〔註14〕（清）孫從添，《藏書紀要》（台北市：新文豐出版公司，民國73年），頁18～20。
〔註15〕昌彼得，〈談善本書〉，喬衍琯、張錦郎編，《中國圖書版本學論文選輯》（台北市：

校書之中，如果發現有文字錯誤，便需將錯字塗滅重新改正。唐宋時期，重要冊籍多用黃紙寫印，故用雌黃塗字，《齊民要術》中有「雌黃治書法」條〔註 16〕，即爲此方法。《夢溪筆談》中記：「嘗校改字之法，刮洗則傷紙，紙貼之又易脫，粉塗則字不沒，塗數遍方能漫滅。唯雌黃一漫則滅，仍久而不脫〔註 17〕。」雌黃顏色又能與紙色配合，塗後無明顯痕跡。明清時鈔刻書籍俱用白紙，所以改用淡色青田石磨細和膠，製成青石錠，磨塗紙上用以改字。也有以鉛粉塗抹改字的，但鉛易受潮氧化，終不免變爲黑色，並不適用〔註 18〕。

藏書聚散流傳，不免有殘缺不全，或是遭抽改刪減的書籍，凡此等書籍，於校讎之外，有時還要參配別本以行鈔補，才能重現書籍的原貌，所以鈔補也是藏書家的工作之一。鈔補往往包含於校讎過程之中，二者實爲一體兩面，《藏書十約》所記鈔補之法爲：

> 舊書往往多短卷、多缺葉，必覓同刻之本影抄補全。或無同本，則取別本覓備書者錄一底本，俟遇原本徐圖換抄，庶免殘形之憾。若遇零編斷冊，尤宜留心，往往有多年短缺之卷，一旦珠還合浦，仍爲一家眷屬者……凡書經手自抄配者最佳，出自備書之手，必再三覆校，方可無誤。已抄之書，則人校之，人抄之書，則己校之。……使抄而不校，校而不精，不如聽其短缺，尚不至魚目混珠也〔註 19〕。

鈔補之後，尚須注明何處據何本所補，記於注釋或題跋之中，使後人知其來源所自。

校讎與鈔補是歷代藏書家都極重視的工作。漢代劉向的整理群書工作，即是由補闕訂僞開始；目錄學在清以前都稱爲校讎學，也足見目錄之學，是由校讎是正、鈔補遺佚中發展出來的。今日得見的古書，還能保有千百年前的原貌，歷代藏書家孜孜不倦躬自校讎，應居首功。

第二節　借閱流通

學海出版社，民國 71 年），頁 138〜139。

〔註 16〕（後魏）賈思勰，《齊民要術》，卷三（台北市：商務印書館，《四部叢刊》本），頁 35。

〔註 17〕沈括，《夢溪筆談》，卷一（台北市：商務印書館，《四庫珍本》）。

〔註 18〕（清）孫從添，前引書，頁 19。

〔註 19〕（清）葉德輝，前引書，頁 41026〜41027。

　　古代藏書家最爲今人所垢病的，不外是將所藏視爲珍秘，深閉禁錮，鮮有流通，主人以外無以得閱，更有將書借人爲不孝，以此訓示子孫，使人有不如蟲鼠蠹魚有書可食之嘆。如遇兵火或子孫不能守，則所珍秘者亦常致絕跡於人間〔註20〕。此種說法考諸史實，雖可得到不少例證，但不免失之武斷片面。其實古代不論公私藏書，都有出借流通的事實記載，只是常被後人有意無意的忽略，以偏概全，造成藏書樓即是落伍保守的印象。至於藏書家個人之間，相互傳鈔秘本以通有無，或是親朋好友借閱共賞，更是被視爲當然的聚書方法。《澹生堂藏書約》中引鄭樵的求書八法，其中因家以求、求之公、求之私、因人以求〔註21〕等四種，就是借鈔於其他公私藏書，以充實自家所藏的聚書方法。

　　最早將藏書公開，供士人學人閱覽研讀見於記載的，爲南北朝時人范蔚，《武林藏書錄》記其人「家世好學，有書七千餘卷，遠近來讀者常百餘人，蔚爲辦衣食〔註22〕。」

　　宋代藏書風氣大盛，藏書家亦多不私其所藏者。北宋曹誠，聚書千餘卷，以延學者，眞宗嘉之，賜名應天府書院〔註23〕。

　　北宋胡仲堯，構學舍於華林山別墅，聚書萬卷，大設廚廩，以延四方游學之士，子弟及遠方之士肄學者常數十人，歲時討論，講席無絕〔註24〕。

　　李昉，原仕後漢，後歸宋，所藏亦富，而且闢學館以延士大夫，不特見主人，而下馬直人讀書，供牢餼以給其日力〔註25〕。

　　北宋陳巽爲江南藏書名家，別墅建家塾聚書，延四方學者，伏臘皆資焉，江南名士皆肄業於其家〔註26〕。

　　北宋宋敏求，父子皆好聚書，藏書達三萬卷。家居春明坊，士大夫喜讀書者，皆賃居居其側，以便借置善本，致使當時春明坊宅地價，比他處常高一倍，可見其盛況〔註27〕。

　　北宋陳景元，藏書數萬卷。所居以道儒醫書，各爲齋館以區別之，四方學者來

〔註20〕宋建成，《清代圖書館事業發展史》，中國文化大學史學研究所碩士論文，頁22～23。
〔註21〕（明）祁承㸁，《澹生堂藏書約》（台北市：新文豐出版公司，民國73年），頁38。
〔註22〕（清）丁申，《武林藏書錄》，卷中（台北市：成文出版社，《書目類編九》（一）），頁40890。
〔註23〕（宋）曾鞏，《隆平集》，卷一三（台北市：商務印書館，《四庫珍本》）。
〔註24〕潘美月，《宋代藏書家考》（台北市：學海出版社，民國69年），頁41
〔註25〕前引書，頁47，原引自晁說〈劉氏藏書記〉。
〔註26〕前引書，頁66產，原引自釋文瑩《湘山野錄》卷上。
〔註27〕（清）葉昌熾，前引書，卷一，頁12～13。

從其遊，則隨所類齋館，相與校讎，於是人人得盡其學，而所藏號爲完書，主客互利，傳爲美談〔註28〕。

南宋蔡瑞，念族人多貧，不盡能學，始買書置石庵，增其屋爲便房，願讀者處焉，買田百畝助之食〔註29〕。

南宋潘景憲，買地於金華之別麓，號葉山以營其二內之藏，左則曰庶齋，右則曰省齋，二齋儲書且萬卷，以待朋友之習，市良田畝以爲講習聚食之資〔註30〕。

明李如一，好古嗜書，收買書籍盡費先人之產，嘗云：「天下好書，當與天下讀書人共之。」故能慷慨借書，不自珍秘〔註31〕。

明末清初時，曹溶的《流通古書約》和丁雄飛的《古歡社約》，更進一步爲友朋同好之間的借閱互鈔，訂下明文規矩。曹氏《流通古書約》中說：

> 彼此藏書家，各就觀目錄，標出所缺者，……視所著門類同，時代先後同，卷帙多寡同，約訂有無相易。則主人自命門下之役，精工繕寫，校對無誤，一兩月間，各齋所鈔互換。此法有數善，好書不出戶庭也，有功於古人也，己所藏日以富也，楚南燕北皆可行也。敬告同志，鑒而聽許。或曰，此貧事也，有力者不然。但節讌游玩好諸費，可以成就古人，與之續命，出未經刊布者，壽之棗梨。始小本，訖鉅編，漸次恢擴，四方必有聞風接響，以表章散帙爲身任者〔註32〕。

丁氏《古歡社約》也說：「或彼藏我闕，或彼闕我藏，相互質證，當有發明，此天下最快心事〔註33〕。」

私人藏家除相互流通借鈔外，也有置於家塾、義塾，或捐贈各地書院，以供子弟學生閱讀的，如宋朱熹於白鹿書院初成時，送藏《漢書》，以備學者看讀；郭欽正構書院於石洞之下，徙家之藏書以實之。元李幼常建石岡書院以儲書備讀。明劉惠庭建仁山書院，聚古今圖書以待來學者〔註34〕。

古人藏書不吝通假的例證已如前述，而藏書不但供人借閱，還代辦衣食，提供住宿，甚至發給零用金，如此殷勤週到，勸學弘道的盛情，遠勝於今日的圖書館。

〔註28〕（1）前引書，卷七，頁392～393。（2）潘美月，前引書，頁125。
〔註29〕潘美月，前引書，頁195，原引自《水收先生文集》卷一二。
〔註30〕前引書，頁196。
〔註31〕陳登原，《中國歷代典籍考》（台北市：盤庚出版社，民國68年），頁406～407。
〔註32〕（清）曹溶，前引書頁，41015～41016。
〔註33〕（清）丁雄飛，《古歡社約》（台北市：成文出版社，《書目類編九》（一）），頁41017。
〔註34〕班書閣，〈書院藏書考〉，《國立北平圖書館館刊》，五卷三期（民國21年7月），頁54～64。

近世的藏書家能有此古風者，當推瞿氏鐵琴銅劍樓，覺迷〈談鐵琴銅劍樓藏書〉一文中說：

> 至嗜書之人，有欲得觀珍秘者，瞿氏亦許入樓參閱，但不許假出，而於閱書之人，瞿氏闢有專室，且供茶水膳食〔註35〕。

官府藏書，亦有准許借讀之例。《書林清話》卷八「宋元明官書許士子借讀」條中有記：「宋明國子監及各州軍郡學，皆有官書以供眾讀〔註36〕。」州郡學所置官書可供借閱，宋初已行之，元明沿其制未改。宋國子監藏書，冊末紙背有印記云：「國子監崇文閣書籍，借讀者必須愛護，損壞闕污，典掌者不許收受。」明代府學官書也有「許生員觀看，不許帶出學門」之例〔註37〕，足見當時官方藏書，生員學子亦可借讀，但是不能借出。

內府所藏，如宋崇文院藏書，也是可以公開借出的。北宋神宗熙寧七年，崇文院孔目官孟壽安曾建議：「將借本書庫原書籍添入經史子集，俾書數足備及准備閱覽」〔註38〕，可見當時內府三館藏書，不但可以外借，還特設有「借本書庫」。哲宗元祐四年，因外借的書籍遺失損毀的甚多，秘書省奏准，將集賢院書庫做為專門的「外借書庫」，其餘各庫此後不准借出〔註39〕。其書籍外借的管理制度，據徽宗政和年間蔡攸所奏：

> 諸處闕借書籍，並係庫子勾管。……書籍出入，並監門具單子搜檢出入等〔註40〕。

可知當時借書有專人管理，稱為「庫子」，借出時憑所填具的「單子」在「監門」檢查，然後才可攜出。此項手續和今日圖書館的借書程序，幾乎是完全相同。

清乾隆時，所敕編修的《四庫全書》，分貯江南三閣的副本及翰林院的底本，亦允供士人鈔閱。乾隆五十五年六月上諭：

> 文宗、文匯、文瀾三閣。應貯全書，現在陸續頒發庋藏。該處為人文淵藪，嗜奇好學之士，自必群思博覽，藉廣見聞。從前曾經降旨，准其赴閣檢視鈔錄，俾資蒐討。但地方有司，恐士子繙閱污損，或至過有珍秘，以阻爭先快覩之忱，則所頒三分全書，亦僅束之高閣，轉非朕蒐輯群書津

〔註35〕覺迷，〈談鐵琴銅劍樓藏書〉，《中國新書月報》，一卷四期（民國20年3月），頁22。
〔註36〕（清）葉德輝，《書林清話》，卷八（台北市：世界書局，民國63年），頁222～223。
〔註37〕前引書，頁223～224。
〔註38〕《宋會要輯稿》，〈職官〉十八之四（台北市：新文豐出版公司，民國65年影印），頁2742。
〔註39〕前引書，〈職官〉十分之九，頁2745。
〔註40〕黃潮宗，前引文，頁31。

逮譽髦之意。即武英殿聚珍版諸書，排印無多，恐士子等亦未能全行購覓。該督撫等諄飭所屬，俟貯閣全書，排架齊集後，諭令該省士子，有願讀中秘書者，許其呈明到閣鈔閱，但不得任其私自攜歸，以致稍有遺失。至文淵閣等禁地森嚴，士子等固不便進內鈔閱，但翰林院現在存貯底本，如有情殷頌習者，亦許就近鈔錄，掌院不得勒阻留難。如此廣爲傳播，俾茹古者得睹生平未見之書，互爲鈔錄，傳之日久，使石渠天祿之藏，無不家弦戶頌，益昭右文稽古，加惠士子之盛事，不亦善乎〔註41〕。

傳鈔借閱之外，清代名士袁枚更能看破書籍有形之聚散，將藏書散於天下，曾撰〈散書記〉明其志：

乾隆癸巳，天子下求書詔，余所藏書，傳鈔稍稀者，皆獻大府，或假賓朋，散去十之六七。人邮然若有所疑，余曉之曰：天下寧有不散之物乎？要使散得其所耳，要使吾身親見之耳。古之藏書人，當其手鈔縑易，侈侈隆富，未嘗不十倍於余，然而身後子孫有以《論語》爲薪者，有以三十六萬卷沈水者。牛宏（弘）所數五厄，言之慨然，今區區鉛槧，得登聖人之蘭臺石渠，爲書計，業已幸矣，而且大府因之見功，賓朋因之致謝，爲余計更幸矣。不特此也，凡物恃爲吾有，往往庋置焉而不甚研閱，一旦灑然欲別，則鄭重審締之情生，予每散一帙，不忍決捨，必窮日夜之力，取其宏綱巨旨，與其新奇可喜者，腹存而手集之，是散於人，轉以聚於己也〔註42〕。

所謂「天下寧有不散之物，要使散得其所耳。」「是散於人，轉以聚於己也。」確爲天下第一等胸襟，如此散書，雖散而猶存，且能發揮書籍的更大功用。此種散書，可與贈書予學館書院以供眾閱的事蹟相互輝映，其風亦可上溯至宋。南宋晁公武《郡齋讀書志》自序云：

南陽公（井度）天資好書，……歷二十年所有甚富。……宿與公武厚，一日貽書曰：「某老且死，有平生所藏書，甚秘惜之。顧子孫稚弱，不自樹立，若其心愛名，則爲貴者所奪；若其心好利，則爲富者所售，恐不能保也，今舉以付子，他日其間有好學者歸焉，不然則子自取之〔註43〕。」

藏書家能有藏書不能永久而終必散佚的自覺，將其整理校讀過的冊籍，借與他

〔註41〕（清）乾隆敕撰，《四庫全書總目》，卷首（台北市：漢京文化公司，民國66年），頁5。

〔註42〕（清）袁枚，〈散書記〉，《小倉山房文集》（台北市：中華書局，《四部備要》本）。

〔註43〕（宋）晁公武，《郡齋讀書志》，卷首（台北市：商務印書館，《人人文庫》本）。

人閱讀鈔錄，或是贈送有需要的親朋學子，使書散得其時，散得其所，如此才是眞正了解到聚書藏書的意義所在。

第三節　刊刻流傳

世事難測，蠹蟻難防，水淹火厄又無時不至，藏書家耗竭心力也難永保所藏。《齊東野語》云：「世間萬物未有聚而不散者，而書爲甚。」〔註44〕消極的保護，既然不能達到完全保存的效果，積極的流通鈔借，其功用與影響又有限，使書籍能傳之久遠不毀不佚的最佳方法，莫過於付梓刊刻，流傳四方，不但能化私爲公，廣澤天下，千百冊中也總有三數本能倖免於劫難，傳於後人。若遇有心之士，再次槧版，其書又如逢新生，如此生生不息，又何懼於種種書害肆虐。故《書林餘話》云：

> 模印精工，校勘謹愼，遂使古來秘書舊槧，化身千億，流布人間。其裨益藝林，津逮來學之盛心，千載以下，不可得而磨滅也〔註45〕。

《書林清話》亦說：

> 昔司馬溫公云：「積金以遺子孫，子孫未必能盡守；積書以遺子孫，子孫未必能盡讀。不如積陰德於冥冥之中，以爲子孫無窮之計。」……今有一事，積書與積陰德皆兼之，則刻書是也〔註46〕。

古代公私藏書的刊刻，有爲廣流傳者，有爲彰顯其學者，有爲博令名者，有爲誇耀所藏者，也有爲貨利者。原因雖然不同，而有益於書林則一。

雕版印刷術發明之後，首先以藏書刊刻流傳的，爲後蜀人毋昭裔，《資治通鑑》後周廣順三年，載：

> 自唐末以來，所在學校廢絕，蜀毋昭裔出私財百萬營學館，且請刻板印九經，蜀主從之，由是蜀中文學復盛〔註47〕。

毋氏少年貧賤，向人借書遭拒，因而發憤立志，日後顯貴，必廣刻群書以供學子。後仕蜀爲相，除奏請刻印九經外，又刻有《文選》、《初學記》及《白氏六帖》等書〔註48〕。《宋史》記其人「性好藏書」〔註49〕，所刻諸書當是發其家藏爲之。

〔註44〕（宋）周密，《齊東野語》，卷十二（台北市：藝文印書館，《百部叢書集成》本）。
〔註45〕（清）葉德輝，《書林餘話》，卷下（台北市：世界書局民，民國63年），頁37。
〔註46〕（清）葉德輝，《書林清話》，卷一，頁1～2。
〔註47〕（宋）司馬光，《資治通鑑》，卷二九一（台北市：洪氏出版社，民國70年），冊十，頁9495。
〔註48〕（宋）王明清，《揮塵餘話》，卷二（台北市：藝文印書館，《百部叢書集成》本）。
〔註49〕《宋史》，卷四七九，〈列傳〉二三八（台北市：鼎文書局，《點校本二十四史》）冊一

五代之後，私家刊書至兩宋日趨發達，《書林清話》卷三「宋私宅家塾刻書」條，收有傳本者近五十家，而北宋刻本傳世甚少，故其數應不止於此〔註50〕；當時書坊刻書亦盛，書賈如陳起父子等，家藏書也有達萬卷的〔註51〕，其中不少當可稱為藏書家。此種藏書家所刻的書籍，由於能取所藏的各種善本相互讎校，其目的又不一定是為牟利，因此底本好，校勘精，刊工良，紙墨都是上乘〔註52〕，所以都被後世視為善本而珍藏或翻刻。著名的如岳珂相臺家塾所刻九經三傳；廖瑩中世綵堂所刻五經及韓、柳集；蜀廣都費氏進修堂所刻大字本《資治通鑑》；黃善夫宗仁家塾所刻《史記》、《漢書》；眉山程舍人宅所刻《東都事略》；及臨安陳氏經籍舖所刻諸書等等〔註53〕。

元代藏書家刻書風氣仍盛，質量俱佳，近人每每宋元版並稱，除年代久遠，校勘精良也是原因之一。著名的如陳忠甫所刻《楚辭集注》；彭寅翁所刻《史記》；范氏歲寒堂所刻《范文正集》；刻於黃河以北的，則有平陽府梁宅所刻《論語注疏》；平水曹氏進德齋所刻巾箱本《爾雅郭注》；段子成所刻《史記集解附索隱》等等〔註54〕。

明代雖有「明人刻書而書亡」之譏，但其所指大抵為隆慶、萬曆以後的坊刻本，私家刻本精良者，仍不讓於宋元〔註55〕。明代藏書家刻書，最值稱道的，一為諸藩府刻書，一為毛晉汲古閣刻書。明代鑒於「靖難」的先例，分封各地的皇子既無兵權也無政權，與一般富人無異，其中好學者，即以藏書刻書為志，如寧獻王朱權、周定王朱橚、晉莊王朱鐘鉉、靖王朱奇源、鎮國中尉朱睦㮮等十餘人〔註56〕，都是明代著名的藏書家，所藏多達數萬卷。諸藩府頗有餘財，所聚或被賜之書，又多有宋元善本，可以翻雕〔註57〕，藩府刻書蔚然成風，寧王朱權刻書有一百三十七種之多；秦藩所刻宋本黃善夫《史記》、德藩所刻《漢書》等，皆為士林所重；吉藩所刻諸子、益藩所刻諸茶書、晉藩所刻諸總集，更是有計劃的刊刻同類書籍；此外如代、崇、蕭、周、徽、潘、伊、楚、遼、潞、鄭、怡、衡、榮、淮、襄、靖江、博平、

七，頁 13894。

〔註50〕（清）葉德輝，前引書，卷三，頁 77～85。

〔註51〕潘美月，前引書，頁 215。

〔註52〕劉國鈞，〈宋元明清刻書事業〉，編輯部編，《中國圖書版本學論文選輯》（台北市：學海出版社，民國 70 年），頁 393。

〔註53〕（清）葉德輝，前引書。

〔註54〕屈萬里、昌彼得，《圖書板本學要略》（台北市：中國文化大學出版部，民國 68 年），頁 53。

〔註55〕前引書，頁 57。

〔註56〕（清）葉昌熾，前引書，頁 69～73。

〔註57〕（清）葉德輝，前引書，卷五，頁 116～120。

弋陽等藩府，皆有刻本傳世。此種風氣，實前無古人後無來者〔註58〕。

　　藏書已屬不易，刻書更須財力支持，明藩府以刻書傳名，不外有錢有閑，能招賢納士精校細雕，毛晉汲古閣也是如此。毛氏世居常熟迎春門外之七星橋，家富而好行善，少為諸生，後乃絕意舉業，專力於收書刻書。《書林清話》引汲古閣主人小傳中記其人：

> 性嗜卷軸，榜於門曰：有宋槧本至者，門內主人計葉酬錢，每葉出二佰。有以舊鈔本至，每葉出四十。有以時下善本至者，別家出一千，主人出一千二百。於是湖洲書舶雲集於七星橋毛氏之門矣，邑中為之諺曰：「三百六十行生意，不如鬻書於毛氏。」前後積至八萬四千冊，構汲古閣、目耕樓以度之〔註59〕。

　　毛晉刻有《十三經注疏》、《十七史》、《津逮秘書》、唐宋元人別集，以至《道藏》、詞曲等，遍傳天下。毛氏本人深知讀書須求善本的可貴，所藏冊籍亦多宋元善本，刻書原意也是「患經史子集率漫漶無善本」，但其所刻諸書，卻不盡依據所藏宋元舊本，校勘亦不甚精，此點頗為後人譏評〔註60〕。孫從添《藏書紀要》即說：「毛氏汲古閣十三經、十七史，校對草率，錯誤甚多。」「毛氏所刻甚繁，好者僅數種〔註61〕。」但毛氏刻書之多，確為前代私家藏書者所無。

　　清乾嘉時代考據學興起之後，私人刻書又分為藏書家和校勘學家刊刻的書。一些著名藏書家以其所藏宋、元善本，或者影摹上版或者重行校勘付印；校勘學家也往往將其所手校勘正的書開雕付印。二者性質雖有不同，但其底本則都來自於所藏〔註62〕。清代家刻本中，以叢書的形式刊印是一大特色，如專門蒐輯已經失傳著作的輯逸叢書；專門蒐集同一地方著作的郡邑叢書；專門蒐集一姓一家著作的氏族叢書；專門蒐集同類學問著作的專類叢書〔註63〕；或是就所藏書中的珍善本輯印的一般叢書。

　　官府藏書的刊刻方面，自五代後唐國子監刻九經三傳起〔註64〕，宋元明清均襲為定例。自北宋起，除中央政府刻書外，地方上的州路府縣也都有刻書。中央政府刻書，大多是依據國子監及內府所收圖書為底本，如宋元明的國子監、明代的司禮

〔註58〕 （1）前引書。（2）屈萬里、昌彼得，前引書，頁56。
〔註59〕 （清）葉德輝，前引書，卷七，頁192。
〔註60〕 前引書，頁188。
〔註61〕 （清）孫從添，前引書，頁619。
〔註62〕 劉國鈞，前引文　，頁393。
〔註63〕 前引文。
〔註64〕 屈萬里、昌彼得，前引書，頁29。

監、禮部〔註65〕、清代的武英殿等。宋時國子監所存書板,還提供給士人自納紙墨錢自印;官刻書亦有定價出售〔註66〕。地方官府刻書,則多是據其所設官學中的藏書校刻。官府刻書,視主事者的學養與態度,品質高下優劣差異甚大,南宋國子監本與地方官署刻本,因校勘多能謹慎,刊工用料又講究,故爲後世所重〔註67〕。明代內府經廠本,因以閹人主事,校勘不精,向爲藏書家所垢病,而有「雖紙潔如玉,字大如錢,亦徒耗費楮墨而已」的惡評〔註68〕。

〔註65〕 張璉,《明代中央政府刻書研究》,中國文化大學史學研究所碩士論文,頁 14。

〔註66〕 (清)葉德輝,前引書,卷六,頁 143。

〔註67〕 前引書,頁 60～75。

〔註68〕 屈萬里、昌彼得,前引書,頁 45、56。

第六章 古今典藏管理方法的結合與應用

　　圖書館對於各種資料文獻的蒐集、整理、保存與利用，原本就是前後相聯，渾然一體的工作，缺一不可，現代圖書館學理論雖然講求館藏的流通與利用，卻也不忽視典藏工作的重要。但是現今從事圖書館工作的人，往往有一個似是而非的觀念，認為注重書籍的保存與典藏，會和推廣利用的目的相衝突，以致影響讀者使用的意願。另外，學術發達和造紙印刷工業的進步，書籍種類繁多，價格低廉，取得也容易，所謂萬卷藏書，其內容分量也不過今日書籍十數架而已，稍有規模的私人藏書即不止於此，因此愛書與惜書的心理，相形之下和古人相差甚遠。此種情形，在圖書館典藏工作上，出現一種現象就是：前代的書籍，不論鈔本或印本，大多有良好保存環境和管理規則，珍秘的程度較之古人有過之而無不及；而民國以後出版的書刊文獻，卻沒有受到良好的保護，遺佚散毀的情形十分嚴重。所以今天想要找到一些被古人視為孤本、善本的古籍，或許並不十分困難，因為傳世的古籍大多已編入目錄供人查檢，也有不少重新刊印，自己購買或到圖書館中借閱都很方便。反而是如果想要尋找一些民國初年的圖書期刊，或是台灣在日據時期的文獻資料，常常無從著手，少數倖存的，也是殘缺不全，甚至破爛得無法閱讀。

　　其實圖書需要注重典藏管理，是不應該有古今之分的。古代藏書樓和現代圖書館在觀念和作法上，雖然有所差異，但在收集與保存功能應是一致的。保存和利用原就是一體兩面，書籍如果散佚不存，又如何能供利用；保管至善而不供人閱讀，曠世巨著千年國寶又有何意義。所以圖書館應結合近代科技方法與古代藏書管理經驗，應用於館藏的維護與保存，無論書籍資料的年代和類型，同樣需要做好維護保管及服務的工作，才能真正達到利用館藏服務讀者的功能與目的。

　　雖然古今圖書的質料及形態已有不同，而造成書害的因素仍無太大差別。古代藏書管理的方法，是由經驗累積中歸納而出的，其中的原則和作法雖然多是知其然，

不知其所以然，處理方式也未盡完善正確，但如以現代知識深入研究分析，並結合科技工藝應用於今日的典藏工作，仍是可供取法借鏡。

　　現代的科技已經發展出許多種有效的處理方法，能夠延長書籍的壽命數百年至千年不等〔註1〕，但是這些方法大多成本昂貴，也有些仍然在實驗室研究的階段。國內圖書館中，除了國家圖書館和故宮博物院所典藏的善本書籍，有能力採行外，一般的圖書館和資料單位並不十分適合。而且事先的預防遠勝於事後的補救，因此古代藏書的典藏管理方法，在今日的圖書館典藏工作中，仍有許多值得採行的原則與作法，再配合現代的科技，圖書館想要做好館藏維護的工作，並非是昂貴而困難的事。本章各節即是希望能將古今各種典藏良法加以融合歸納，提出具體可行的方法，以供參考。

第一節　書籍質料

　　自十九世紀中葉以後，木漿造紙法由於原料來源充裕，成本低廉，工期短效率高，普遍為世界各國採用。如今所能見到的印刷品和紙製品，絕大部分都是以木漿為原料。木材能夠取代其他製漿原料，是具有商業與市場的競爭優勢，就印刷品的保存而言，卻不是很好的材料。

　　木漿所造出的紙張，其主要缺點是（1）纖維素含量較少，雜質多；（2）木材纖維短而細胞膜厚，紙張強度低吸水性強，必須增加紙張的厚度以改善強度；（3）製漿時以大量的酸性催化劑加速分解，加上木材中原含酸的木質素，製出的紙張本身即呈酸性；（4）以明礬和松香混合物或是酪素、矽酸鈉作為施膠材料。其中的硫酸根離子會和空氣中的水分結合，形成硫酸，直接對紙張纖維產生破壞性；（5）若干紙漿的充填料，如硫酸鋁等，雖然能幫助纖維結合，並可增進吸墨性及紙感，但日久易於氧化變脆、變黃〔註2〕。

　　此種含酸性的紙張，在一般狀況下，保存的壽命大概只有二十五至五十年〔註3〕。國內目前印製書籍所用的紙張，幾乎都是採用此種紙張，其酸鹼值（ＰＨ值）

〔註1〕張鼎鐘，〈從現代科技看圖書之典籍〉，《中央日報》（民國72年12月16日），十版。
〔註2〕（1）林啟昌，《造紙工程與印刷用紙》（台北市：五洲出版社，民國72年），頁23～24。（2）余敦平，〈淺談酸性對紙張的破壞和化學處理方法〉，《雄獅美術》，一五七期（民國73年3月），頁92。（3）王震邦，《民生報》（民國74年10月26日），九版。（4）王繼熙，〈救古籍的命〉，《中國時報》（民國73年5月4日，三版）。
〔註3〕王繼熙，前引文。

大約在 4 到 5.5 之間〔註4〕，屬於酸性或弱酸性。其酸化程度，還會因爲溫度和濕度的昇高，和光線中紫外線的照射而加速，所以即使未達其物理壽命之前，紙張也會破碎解體。

古代採用的麻、藤、皮紙沒有上述缺點（詳第二章第一節），竹紙則有類似的問題存在，古人不明其中道理，只能從藏書樓的空氣流通避免潮濕和翻閱時的小心愛護來延長其壽命。此外在鈔印重要典籍，不使用竹紙印製，也是方法之一。

圖書館對書籍採用何種紙張印製，無法能有實質的控制，但是館藏書籍的酸性惡化程度，卻不難測定，其方法甚爲簡易，也不需要專門知識和貴重儀器，只要將待測的書籍，在書末的護頁或是空白處，剪下一公克重的紙張，撕成細片置於杯中，加入二十西西蒸餾水充分攪拌後，再加入五十西西蒸餾水靜置一小時，以石蕊試紙放入杯中，試紙如變紅色，即表示含酸性，紅色越深則酸性越強〔註5〕。如果有酸性過強的書籍則最好早作處理或予以複製。

根本解決書籍含酸的方法，是改用中性或弱鹼性的原料來製造紙張，但是技術與成本都有問題，國內能做的紙廠也有限〔註6〕，目前並非實際的方法。另一種則是以化學藥劑來脫除紙張的酸性，美國國會圖書館曾使用二乙基鋅來去除紙張的酸性，證明效果良好。但此法需有真空室來放置書籍，再灌入二乙基鋅，使其侵入紙張纖維中與碳氫化合物結合，中和酸性，並形成一種類似保護層的物質，防止酸性的侵蝕，成本每冊約要二至五美元〔註7〕。經過處理的書，保存年限可延至五、六百年〔註8〕。國內圖書館如果能與設有真空室的研究單位合作，對若干要保存原件的重要檔案文獻做小規模的處理，此法應屬可行。至於大規模的設廠處理一般書籍資料，則似無此必要，因爲將其複製或是重印，都較爲簡便，成本也低。

現代書籍的裝訂使用化學黏劑、鐵釘或尼龍線，較之古代以澱粉爲主要的黏劑原料，可免去招引蠹蟲鼠蟻的缺點。但裝訂不牢的情形則相當普遍，加上圖書館藏書的使用率又高，書籍破損脫頁的機會很大，因此圖書館員應該具有對不同裝訂方法的基本知識和修補技巧。中國圖書館學會和故宮博物院等單位，曾於民國 73 年間

〔註4〕 酸鹼值表（PH　Scale）共分 14 級，以 7 爲中性，以上爲鹼性，數值越大，鹼性越強；以下爲酸性，數值越小，酸性越強。
〔註5〕 （1）余敦平，前引文。（2）張之傑，《環華百科全書》（環華出版公司，民國 70 年），冊十五，頁 153。
〔註6〕 王震邦，前引文。
〔註7〕 張鼎鐘，前引文。（2）余敦平，前引文。二乙基鋅在空氣中會燃燒爆炸，故須於真空室中處理。
〔註8〕 王繼熙，前引文。

合辦「古籍鑑定與維護研習會」，並將會議論文及有關資料結集出版〔註9〕。其中關於古籍的修補裝訂技術，有極爲詳盡的介紹，雖然是以古書的修裱爲對象，實際上對現代書籍的修補也有參考價值，所採用的也是一些簡單的手工具，一般圖書館不難購置。如果圖書館員都略具此項修裱技術，則可以將破損情形不嚴重的書籍隨手修補，或是對原裝訂不牢的書籍事先補強，必可延長館藏資料的壽命，還能省下不少的裝訂費用。

第二節　建築設計

古代藏書樓的設計，最大的特色就是注重安全性與實用性。所以在地點選擇、屋舍方位、使用材料以至出入門戶，都有所講究，其原則與方法足供今人仿效。

藏書最重防火。南宋《館閣錄》中記載內府藏書的防火建築與措施爲：

（1）設高牆以與民房隔絕：秘書省原已有圍牆，後又在西北方牆外再築外牆，以防他處失火波及。

（2）預留空地：秘書省初建時，已在圍牆外預留空地，做爲防火巷。

（3）設置消防器材及人員：秘閣書庫後設有潛火司，內有滅火器材與專人負責〔註10〕。

明清時范氏天一閣左右兩牆以「磚瓷爲垣」，另有「讀者不許夜登，不嗜煙草」，「不使持煙火者入內」等規定〔註11〕。孫從添《藏書紀要》也有：「古有石倉藏書最好，可無火患，而且堅久。……造書樓藏書，四圍石砌風牆……乃善。」「接連內室廚竈衙署之地，則不可藏書」的原則〔註12〕。

以上這些方法，可以歸納爲：阻絕外來火災波及，防止內部滋生火苗。此二項原則同樣適用於今日的圖書館建築。現代的圖書館多是鋼筋水泥結構，防火不是問題，但內部傢俱仍多爲木製，而且電力線路密佈，如有不慎仍易起火。此外，許多中小型圖書館（室），沒有獨立的館舍，與其他單位共用一棟建築，在安全與防火的要求上，也應有適當的措施配合。目前在新蓋建築物中所採用的消防設備，以自動

〔註9〕古籍鑑定與維護研習會編，《古籍鑑定與維護研習會專集》（台北市：中國圖書館學會，民國74年）。

〔註10〕林慶彰，〈知識的水庫——歷代對圖書文獻的整理與保藏〉，《中國文化新論》、學術篇、浩瀚的學海（聯經出版公司，民國72年），頁563～564。

〔註11〕陳登原，《天一閣藏書考》（台北市：古亭書室，民國59年影印），頁47，32。

〔註12〕（清）孫從添，《藏書紀要》（台北市：新文豐出版公司，民國73年影印），頁29～30。

灑水系統最為普遍，撲救火災時也以水、泡沫或乾粉為主，然而此種救火方式，並不適用於圖書館。圖書館以此種方式救火，固然可以撲滅火災，但館藏不免遭受水淹，或是泡沫及乾粉的污染，資料雖免去火厄，卻又受另一種書害，同樣遭到損壞，得不償失。近年有一種名為「海龍瓦斯」的氣體自動滅火設備，當有火苗發生，室內溫度昇高到危險程度時，即自動噴出，迅速將空氣中的氧氣排除，使火種無法燃燒或擴散，既能立即撲滅火災，又不會破壞所藏的資料〔註13〕。但是海龍瓦斯含有劇毒，是其最大的缺點。

　　就建築實用性而言，古代的藏書樓，如范氏天一閣，瞿氏鐵琴銅劍樓、皇史宬等，都是簡單的長方型設計〔註14〕，管理維護方便，空間也能充分利用，此與現代圖書館學者所主張的模矩式（Modular Plan）建築的原則相符〔註15〕。圖書館學先進李小緣也主張：

> （圖書館建築）「用」在「美」之先，不可徒為美觀而轉失其功用。……
> 希圖壯觀之建築，非特不能增多讀者，且能減少讀者。蓋一般平民為壯觀
> 麗閎之館所驚，而裹足不前〔註16〕。

　　反觀近年國內各圖書館的新館建築，大多為建築師為表現其特殊風格，競在造形上爭勝，忽略應有的實用性，內部隔間過多，格局互異，造成管理使用時的不便，浪費人力空間，還不如藏書樓的樸實與適用。尤其是近年所建的一些大中型的圖書館，如省、市立圖書館、縣市文化中心、和各大學的新館，設計時不能深入了解到圖書館建築和其他建築基本上的不同，一進門往往是一個高達十數公尺、貌似氣派，卻大而無當的大廳，浪費了極多的空間；外牆採用大量的玻璃窗，雖然外型美觀壯麗，卻引入大量的自然光，使室內的照明度不能均衡，自然光中所含的大量紫外線和紅外線更具有對書籍資料的破壞力；大而多的窗戶，也會加重空調設備的能源消耗，以及安全管理上的顧慮。這些都是圖書館建築設計時，沒有考慮到實用性的明顯例子。

　　古代藏書樓在地點和方位的選擇上，也有值得現代參考的，如天一閣座南朝

〔註13〕吳哲夫、林茂生，〈善本古籍保管維護及修裱方法的概說〉，古籍鑑定與維護研習會編，《古籍鑑定與維護研習會專集》（台北市：中國圖書館學會，民國74年），頁315。

〔註14〕天一閣、皇史宬圖如第四章附圖；鐵琴銅劍樓平面圖參見藍文欽撰《鐵琴銅劍樓藏書研究》卷首附圖（國立台灣大學圖書館研究所碩士論文）。

〔註15〕俞芹芳，《中小型公共圖書館建築設計之研究》（國立台灣大學圖書館學研究所碩士論文），頁43。模矩式建築，其結構方式是每隔一定距離置屋柱一根，每層樓面，除必要之樓梯廁所外，為一長方形大通間。使用時再視需要以傢俱或活動牆靈活隔間。

〔註16〕李小緣，〈圖書館建築〉，《圖書館學季刊》，三卷三期（民國16年10月），頁387。

北，東西面爲磚牆，可以避免強烈的東西曬陽光，也能擋住每年四五月潮濕的東風；書樓建於地勢高亢之地，屋旁挖有池塘水道，可以防潮濕和疏導水患；四週留有空地，可備來日擴充，和隔鄰屋舍火災的漫延。這些原則，也都是現代圖書館建築所應該注意的。

第三節　典藏環境

　　藏書環境的管理與控制，是典藏工作成敗的關鍵。雖然現代圖書館中所收藏的資料形態和質材，和古代單純的紙本書籍有很大的不同，但同樣要注重防火、防潮、防蟲、防塵和防盜等工作。因此，古代藏書管理的作法，仍有許多可以參考的地方。

　　紙張本易引火，圖書館中所藏除紙本書籍外，還有錄音帶、錄影帶、幻燈片、縮影片、電影片等視聽資料與電子媒體，耐火性較紙張更差，故圖書館除在建築設計時，要有防火的功能外，日常管理也要特別注意防範火災的發生。古人藏書管理，防火之法由禁絕火源著手，如：

　　范氏天一閣，平日「不使持煙火者入其中」。外人登閣，則「約不攜星火」〔註17〕。

　　葉德輝《藏書十約》：「燈燭字簍引火之物，不可相近。……藏書之室，不設塞具〔註18〕。」

　　梁鼎芬《豐湖書莊四約》：「樓上禁吸水煙，晚間禁止上樓，燈燭要謹愼，晚間禁止借書〔註19〕。」

　　凡此種種皆是阻絕火源於樓外，以免不愼失火延燒。現今各圖書館中禁止吸煙，已爲通例，但館中用電設備甚多，務需定期檢修，以防電線走火，新裝設的用電設備，也應注意用電是否會超過原有線路的負荷。廢棄淘汰的書籍和廢紙雜物，要經常清理，以免引火助火；值夜員工炊饍的地方，也應遠離書庫。嚴格管制火源，至今仍爲防火的最佳方法。

　　古人以藏室通風，定期曝曬爲防潮的方法，如今圖書館館藏資料不同於以往，不耐日曬，而且數量龐大，使用率高，輪流搬出翻曬亦不實際，應以裝設空氣調節設備爲解決方法。台灣地區氣候潮濕，各地年平均相對濕度多達百分之八十以上，北部地區在多雨期及春夏之交的梅雨時，每日相對濕度均達百分之九十以上〔註

〔註17〕陳登原，前引書，頁32。
〔註18〕（清）葉德輝，《藏書十約》（台北市：成文出版社，《書目類編九》（一）），頁41031。
〔註19〕（清）梁鼎芬，《豐湖書莊四約》（見劉伯驥《廣東書院制度》，頁362～363）。
〔註20〕戚啓勳，《中國氣候概論》（台北市：季風出版社，民國69年），頁169～172。

20〕。而相對濕度在百分之六十以上時，即有滋生黴菌的可能〔註21〕，蠹蟲也會更加活躍。溫度的控制也是重要的工作，古今圖書的質料雖有不同，但一般說來，低溫（攝氏五度至十度）最適合書籍保存〔註22〕，並可有效遏阻生物性書害的發生，但此種溫度並不適合人類活動，所以事實上一個理想而可行的典藏環境，應是將溫度維持在攝氏二○度，相對濕度百分之五十左右〔註23〕。至於閉架式的書庫和視聽資料的典藏處所，則可採用更低的溫濕度來貯存館藏。

在蟲蠹的損害上，古今藏書的問題相同。古人以芸草、石灰、皂角等天然藥物來防蠹殺蟲，今日則可選擇許多種不同的化學藥品，但要注意除了除蟲的功效外，藥品是否會損壞書籍本身。控制蟲害除了要有適宜的溫濕度，在書籍入藏時，首先就應檢查是否已被蟲蛀，上架以後要時時清點整理。謝肇淛《五雜俎》中說：「書中蠹物，無物可辟，惟逐日翻閱而已〔註24〕。」可見藏書想要徹底防蟲，並非易事，要靠管理之人勤加檢點，隨時留心。

古人以鉛丹染製的「萬年紅」紙，做為書的護葉以防蟲，證明效果極佳。圖書館中不可能將所有藏書都以此法處理，但可以鉛丹做為書架的底漆，既可防潮又能防白蟻蛀蝕，或是仿製萬年紅紙，平舖於書架隔板上，當可防止蟲蠹活動和老鼠蟑螂的啃食，但是要注意鉛丹具有毒不可誤食。此外，藏書之室禁止飲食，以免招引蟲鼠的規定，也是為古今藏書共同採用的。

有些重印影印的古書，出版商為襲古風，在書冊之外另加函套包裝；也有精印的現代圖書，外面再加一紙盒，以表示其精美華麗的。這些函套紙盒，最易積聚潮氣，滋生蟲黴，故「書套不用為佳，用套必蛀」〔註25〕。所以圖書館在收藏此種書籍時，應將書套丟棄，如有需要再另行裝訂。

古代書籍藏放於書櫃中，用意之一即在防止灰塵積聚與燈燭廚竈的煙薰火燎。現代都市中空氣污染嚴重，圖書館藏書又多直接陳列於架上，未加封閉以便利取閱，因此灰塵與有害氣體的書害，更須加以注意防範。尤其是空氣的二氧化硫，與潮濕的水氣結合成亞硫酸，一旦接觸到紙張中的金屬離子，即能加速紙張質料的損壞〔註

〔註21〕Adelstein，P.E 著，吳相鏞譯，〈縮影軟片之保藏〉，《教育資料科學月刊》，一五卷一期，民國 67 年 1 月），頁 15。

〔註22〕張世賢，〈漫談文物保存〉，《科學月刊》，一二卷五期，民國 70 年 5 月），頁 30。

〔註23〕Lee，Mary M.著，李風生譯，〈圖書保管的理論與實際〉，《國立中央圖書館刊》，新六卷一期（民國 62 年 3 月），頁 61。

〔註24〕（明）謝肇淛，《五雜俎》（台北市：新興書局影印本）。

〔註25〕孫從添，前引書，頁 23。

〔註26〕李鳳生，前引文，頁 60。

26〕。以台北市爲例，空氣中所含的二氧化硫平均濃度爲百萬分之三十到六十〔註27〕，對人體雖無大礙，卻能對書籍的耐久性有極大的破壞力，此外，空氣中的硫化氫、二氧化氮、臭氧、黴菌孢子、沙塵和花粉等，也都能造成不同程度的書害〔註28〕，應該採用空調設備來過濾和淨化，視聽資料和珍藏的善本，更應置於櫃中或附有玻璃的書架上。國家圖書館在其新館的善本書室中，採用紅檜木爲質料的書櫃，取代以往使用的鐵箱。櫃後設有特殊設計的通風孔，避免潮氣聚集；整櫃不用一根鐵釘，而以榫頭銜接；櫃下裝有滑輪，書櫃的大小和電梯尺寸配合，便於搬運；再加上室內完善的恆溫恆濕空調控制，堪稱國內最佳的典藏環境〔註29〕。此種設計觀念，值得其他圖書館參考採用。

現代圖書館講求館藏的流通利用，自然不能和古代藏書樓一樣，採取許多嚴格的管制措施，來防止書籍的失竊，但如何防盜，仍爲圖書館員不可忽視的事。現在的電子防盜系統，雖然靈敏有效，可防書籍遭人竊出，但價格昂貴，非中小型圖書館所能負擔。古人有一簡易方法，可供參考，如丁申《武林藏書錄》所載：

> 黃樹穀（設廣仁義學）……藏書其中，供四方來學者閱誦。每書全部版心折縫處，斜蓋廣仁義塾四大字爲記，使人不能巧偷豪奪〔註30〕。

此法雖然沒有絕對的效用，但使藏書易於辨識，對覬覦之人也有若干嚇阻的功效。目前許多圖書館都已在書籍的書首、書根和書口處加蓋館藏印章，至於是否因襲古人之作法，則未能得知。

開架式的圖書館，想要避免書籍的失竊或是割裂污損，是難以做到的事，有限的人力無法時時顧及藏書的安全，教育讀者使其能有愛書惜書的心理，和正確使用圖書館的觀念，或許才是積極有效的方法。

總之，藏書管理的工作相當專門而複雜，以上所述，只是就幾個重點，以古今藏書的事例，簡略對照說明。良好的典藏管理，並非一蹴可成，惟有在適當的環境條件之下，持之以恒的清理查點，再與圖書館中的其他工作相互配合，才能使館藏能有妥善的保管，又能不失其供人使用的目的。

〔註27〕 丘逸民，〈台北市冬季二氧化硫的空間分布，超限日數及設定值之研究〉，《國立台灣師範大學地理研究報告》，一二期（民國 74 年），頁 133。

〔註28〕 李清志，〈善本圖書的保管方法〉，《教育資料科學月刊》，一七卷一期（民國 69 年 3 月），頁 16。

〔註29〕 《民生報》，民國 75 年 5 月 26 日，九版。

〔註30〕 （清）丁申，《武林藏書錄》，卷下（台北市：成文出版社，《書目類編九》（一）），頁 40919。

第四節 閱覽流通

現代圖書館注重流通利用的功能，所以不能採取像藏書樓一樣嚴格的借閱規則，而圖書館館藏如同社會公共財，也不能因為少數人的便利和疏忽，影響到多數人閱讀使用的權利。就精神上來講，圖書館的閱覽規則，是對讀者所享權利的宣告，這與藏書樓的限制封閉是不同的；但在作法上，二者都希望保持所藏的完整，以供再次的利用，所以古代藏書借閱的一些規則，仍然有其可取之處。例如：

元國子監崇文閣《藏書規定》：

> 借讀者必須愛護，損壞闕污，典掌者不許收受〔註31〕。

孫從添《藏書紀要》：

> 有人取閱借鈔，則填明書目上，某年某月某人借或取閱。一月一查，取討原書，即入原櫃，銷去前注。借者更要留心，若一月不還，當使催歸原櫃，不致遺失〔註32〕。

梁鼎芬《豐湖書莊四約》：

> 借書之期，限以十日，如過期不繳，記其姓名，後不復借。……借書不得過三種。污損卷面，罰令重訂；破爛遺失，罰令賠償，後不復借〔註33〕。

清安徽中江書院〈藏書規條〉：

> 諸生借閱，掌書者先將書頁當面數清，如有脫頁，即於書頭上蓋戳記。收還亦須當面數過，倘有缺損，須借書補鈔。若妄加圈點批評，亦須面斥，以後不准借書。
>
> 史漢三國及各種類書，只准偶爾翻查，不准借出。……若類書一查即了，不必借出，且恐常有人來查，至於孤本、鈔本，尤不准借〔註34〕。

清大梁書院〈藏書閱書規則〉：

> 每次取書，每人只許一種，不得過五卷。至遲十日交還，不得逾期。交還後再取。
>
> 取出各書交還後，司書吏即於閱書簿內注明某日交還。並查明原書有無損壞，無則歸架，有則詢明呈監院官核辦〔註35〕。

〔註31〕（清）葉德輝，《書林清話》，卷八（台北市：世界書局，民國63年），頁222。

〔註32〕（清）孫從添，前引書，頁27。

〔註33〕（清）梁鼎芬，前引文。

〔註34〕李希泌、張椒華編，《中國古代藏書與近代圖書館史料》（台北市：仲信出版社，民國72年），頁71～72。

〔註35〕前引書，頁74。

上面所舉的各項借閱規則，至今仍為各圖書館所使用，只是寬嚴互有不同而已。更重要的，圖書館中公平合理的閱覽規則是要建立讀者愛惜公物、珍視書籍的觀念，不因個人的方便或是疏忽，破壞了其他人使用藏書的權利，才能使館藏充分發揮應有的功能。

第五節　複製與刊印

古代藏書鈔錄副本，或是刊刻留傳，都是頗為費時耗財的工作，所以除毛晉汲古閣等數家，能有能力大規模從事刊印工作的並不多見，鈔刻的也限於少數珍善典籍。現代科技則可使圖書館能利用各種媒體製作的設備與技術，簡單有效的複製大量館藏，或是提供出版商重新刊印。

複製館內所藏圖書期刊，以延續館藏的保存年限，可以採用縮影片攝製，逐頁拍下書刊的內容。以一片標準大小（四吋乘六吋）的縮影單片為例，可視縮小倍數，拍攝 60 頁到 420 頁的原稿〔註 36〕。換句話說，大部分的書籍只需用一張縮影片，即可容納全部內容，而體積與重量不及原書的百分之一。適合用在典藏空間有限，而有大量資料需要複製的圖書館。

縮影片雖然具有容量大，價廉質輕的優點，但是所需具備的拍攝閱讀機器價格甚高，典藏環境要求的水準也高，再加上拍攝的品質，讀者的閱讀習慣，和翻製出來的紙本複印品效果不佳等種種因素，縮影複製的使用，在國內圖書館仍只限於少數特定的館藏。

近年來電子電腦科技發展迅速，其快速檢索與大量儲存的能力，已經成為資料媒體的主流。如今電子形態的書籍已經有商業化的應用，隨著技術的進步，和日漸低廉的價格，以電子形態製作、儲存的資料日益普遍，是可以預期的事。這對圖書館的典藏工作，自然有革命性的影響，就資料的複製而言，在一片光碟上，經由數位方式存入的資料，可多達數千頁至數百萬頁，並可利用網路，瞬間傳至遠處〔註 37〕。這種新科技的發展，是圖書館員絕不能忽視的。

將藏書重新刊印，是保存圖書最積極有效的方法。古人以刊布古書為不朽之盛事，所謂「其書終古不廢，則刻書之人終古不泯〔註 38〕。」其中更涵有保存文化，

〔註 36〕吳相鏞，《縮影器材選購指南》（台北縣：著者印行，民國 73 年），頁 15。
〔註 37〕張鼎鐘，前引文。
〔註 38〕葉德輝，前引書，卷一，頁 4。

傳揚學術的深意。近年來國內重要的圖書典藏機構，如中央研究院歷史語言研究所傅斯年紀念圖書館、故宮博物院、國家圖書館、台灣大學圖書館等，也曾多次與出版商合作，影印或重新排印館藏的重要古籍。民國 72 年，故宮博物院與台灣商務印書館合作，影印出版《文淵閣四庫全書》，更爲近代書林一項盛事。按《四庫全書》在民國以後，先後四次有影印全書的計劃，卻始終因時局不定、經費無著而未能成事，僅由商務印書館先後選印部分，以《四庫全書珍本》爲名，先後刊印十三輯，計一千八百餘種〔註39〕。此次影印出版，將這一部舉世無匹的大叢書，化身千百，廣爲流傳，使中華文化的精華能存傳不絕，實具有極爲深遠的意義。

　　目前重印的書籍，仍多限於傳世較少的古籍，影響範圍大致只在文史學科的研究，其實圖書館應可就其館藏中已經絕版的圖書文獻，或原無刊印的原稿本，不分學科與時代，尋求出版商的合作，或自行出版，當會更有益於學術文化，並能提高圖書館的價值與地位。

　　另一種重刊古籍的方法，如國家圖書館所印製的宋元善本仿古影印本，印出的版式和裝訂，完全依照原書的形式，使用的紙張採用手工製的楮皮紙成品，幾可亂真〔註40〕。此種作法成本高，印行數量也不多，但能完全保存古籍的形貌，足供珍藏以發思古之悠情，還可作爲研究目錄版本學的實際教材，具有不同的意義和功用。

〔註39〕昌彼得，〈影印四庫全書的意義〉，《景印文淵閣四庫全書》（台北市：商務印書館，民國 72 年），頁 1～12。
〔註40〕《民生報》，民國 75 年 1 月 30 日，九版。

第七章　結　論

　　近人論古代藏書，總愛是非其只重保存，不重利用，過分珍秘卻又不能永爲保守，一遇災厄，往往造成珍善秘本大規模的散毀，並將此種情形斥之爲落伍保守，以爲甚不如西方圖書館之進步。基於此種心理，於是對於古代藏書的蒐求、整理與保存，往往闕而不談，如有提及，也只以「注重書籍保管的藏書樓，只講究保管方法而鮮少利用，不能發揮藏書應有的功能」寥寥數語，含糊概括帶過。至於如何「講究保管方法」既無具體陳述；而是否「鮮少利用，不能發揮藏書應有的功能」，也無深入論證。以訛傳訛，積非成是，反而忽視了古人對典籍維護的歷史根源與成果。

　　古代藏書的保守作法，是有其時代背景與環境因素的，也是圖書館發展史上的必然現象。嚴文郁先生所撰《中國圖書館發展史》一書中說：

　　　　（藏書樓）是圖書館事業發展的歷史基礎和實際支柱。圖書館事業的

　　　　發展是漸進的，藏書樓是必經的階段，各國皆然。換句話說，圖書館事業

　　　　的韌造開展，遂以藏書樓爲根據〔註1〕。

　　藏書樓在歷史及文化上，實有其不可磨滅的貢獻與地位，亦爲一國圖書館事業發展中不可摒棄的傳承。近數十年國內大量引進歐美圖書館學理論和方法，固然彼等爲圖書館事業先進國家，取法乎上並無不妥，但引入之時，多僅取其已有的結論成果，未能深入探究其發展淵源與基礎，而國內既無相同之客觀環境，也無經由多年成功失敗所累積的主觀經驗，故往往僅得皮毛，徒具其形式而失其精髓。論者不能檢討此種橫向插枝式移植的弊端，反怪國內落伍保守云云。其實梁啓超先生早在八十年前即說過：

　　　　圖書館之原理原則，雖各國所相同，然中國以文字自有特色故，以學術

〔註 1〕嚴文郁，《中國圖書館發展史》（新竹市：楓城出版社，民國 72 年），頁 1。

發展之方向有特殊情形故，書籍之種類及編度方法，皆不能悉以他國從同。
如何而能應用公共之原則，斟酌損益，求美求便，成一「中國圖書館學」之
系統，使全體圖書館學之價值，緣而增重，此國人所直努力者〔註2〕。

今日圖書館工作發展趨勢，雖必將走向國際化、標準化，但其目的在使各種資
訊便利交流使用，達到資源共享的理想，並不是要將世界各地的圖書館及圖書館學
研究，統一成相同的模式，因為各國各有不同的歷史文化背景，與現實的環境因素，
事事師仿他國，恐不免終究要落於「橘越淮而為枳」的尷尬處境。

古代雖無圖書館學之名，但以前人對書籍的蒐集、整理、分類、編目、校讎、
庋藏及利用的工作和理論來看，確已具有圖書館學之實。惟自清中葉以來，目錄版
本學已自成一家，校勘學也成一獨立學問，少數中國圖書館史的著述，大體只是史
料的搜集排比，或僅可稱為藏書史而已。然而「歷史學是建立在對史料的疏解分析，
而重建並解釋人類過去的一門學問〔註3〕。」圖書館史自當不例外，因此史料的搜
集排比，應只是圖書館史研究的第一步，如何經由疏解分析，綜合歸納，以期重現
中國圖書館學的歷史軌跡和淵源背景，建立完整的圖書館史研究，以做為現今發展
的基礎，是吾輩應所努力的方向。

就本書的主題言，古代藏書歷經三千年沿革，公私藏書可考者不下兩千家，地
域遍及各地，事蹟可供參考的，實在無從計數。以能力學識所限，僅能就其中典藏
管理與利用部分，作一大要論述，盼能以古鑒今，從而了解典藏保管自有其意義與
目的，同時亦為圖書館事業成功的重要環節。並希望今日的圖書館員，能對資料文
獻，無分新舊古今，均能一體愛護，妥善保管，然後才能發揮其功能，充分為世人
所利用。尤其是近代科技發達，記錄所用的材料，已遠不止紙張一種，傳播的便捷
更非古代可以比擬。在所謂「資訊爆發」的今天，資料蒐集、整理、保存與利用的
工作益形重要。反觀歷史上有數以萬計的珍貴書籍文獻，因為種種的書厄而湮滅不
得傳世，使後人不能在已有的基礎上繼續努力，此種損失對民族與文化發展的影響
是何其鉅大。如今既具有前人沒有的優良條件與技術，更當承襲先人維護學術文化
資產的精神，做好書籍文獻的典藏與利用工作，達到利用知識，傳播文化的目的。

〔註2〕梁啟超，〈圖書館學季刊發刊辭〉，《圖書館學季刊》，一卷一期（民國15年1月），
頁1。
〔註3〕黃俊傑，〈歷史教育的人文意義〉，《歷史的探索》（台北市：東昇出版公司，民國70
年），頁4。

參考書目

一、圖書部分

1：（清）丁申等撰，《武林藏書錄》等六種（台北市：成文出版社）。

2：（元）王士點撰，《秘書監志》（台北市：商務印書館，《四庫珍本》）。

3：王秋桂、王國良編，《中國圖書文獻學論集》（台北市：明文書局，民國72年。

4：不著撰人，《館閣續錄》（台北市：商務印書館，《四庫珍本》）。

5：中國圖書館學會出版委員會編，《圖書館學》（台北市：台灣學生書局，民國63年。

6：世界書局編，《書林雜話》，（台北市：世界書局，《中國學術名著》，第三輯）。

7：古籍鑑定與維護研習會專集編輯委員會編，《古籍鑑定與維護研習會專集》（台北市：中國圖書館學會出版，民國74年）。

8：史梅岑著，《中國印刷發展史》（台北市：商務印書館，民國55年）。

9：包遵彭著，《博物館學》（台北市：正中書局，民國59年）。

10：Allan，Douglas A.等著，包遵彭等譯，《博物館概論》（台北市：正中書局，民國65年），台二版。

11：（宋）米芾撰，《書史》（台北市：藝文印書館，百部叢書集成本）。

12：（明）祁承㸁等撰，《澹生堂藏書約外八種》（台北市：新文豐出版公司，民國73年）。

13：宋建成撰，《清代圖書館事業發展史》，中國文化大學史學研究所碩士論文（民國61年）。

14：（明）宋應星撰，董文校，《校正天工開物》（台北市：世界書局，《中國學術名著》第五輯）。

15：李希泌、張椒華編，《中國古代藏書與近代圖書館史料》（台北市：仲信出版社，民國72年）。

16：李書華著,《造紙的傳播及古紙的發現》（台北市：中華叢書編審委員會,民國 49 年）。

17：李瑋著,《書畫裝裱與修復》（台北市：名山出版社,民國 73 年）。

18：杜定友著,《校讎新義》（台北市：盤庚出版社,民國 68 年）。

19：杜陵等撰,《建立我國縮影片國家標準及其保存年度極限之研究》（台北市：行政院研考會,民國 71 年）。

20：吳相鏞編著,《縮影器材選購指南》（台北縣：作者發行,民國 73 年）。

21：吳哲夫著,《如何利用版本學知識以從事古書的編目工作》（行政院 72 年度研考經費補助專案研究報告）。

22：吳哲夫著,《清代禁燬書目研究》,政治大學中文研究所碩士論文。

23：吳哲夫著,《書的歷史》（台北市：行政院文建會,民國 73 年）。

24：吳晗著,《江浙藏書家史略》（台北市：文史哲出版社,民國 71 年）。

25：吳晗著,《江蘇藏書家小史》（香港：中山圖書公司,民國 61 年）。

26：毛春翔著,《中國古書版本研究》（台北市：盤庚出版社,民國 68 年）。

27：余嘉錫著,《目錄學發微》（台北市：盤庚出版社,民國 68 年）。

28：林啓昌著,《造紙工程與印刷用紙》（台北市：五洲出版社,民國 72 年）。

29：林啓昌著,《裝訂加工技術》（香港：東亞圖書公司,民國 69 年）。

30：林貽俊編,《中國造紙史話》（台北市：明文書局,民國 74 年）。

31：昌彼得著,《中國目錄學講義》（台北市：文史哲出版社,民 62 年）。

32：Cater,T.F.原著,胡志偉譯注,《中國印刷術的發明及其西傳》（台北市：台灣商務印書館,民 57 年）。

33：（明）周嘉冑撰,《裝潢志》（台北市：藝文印書館,《百部叢書成》本）。

34：周駿富著,《古代四川刻書考——（1）唐末五代四川刻書考略》,國科會 61 學年度研究補助費期終研究報告（民國 62 年）。

35：明倫出版社編,《中國古籍研究叢刊》（台北市：明倫出版社,民國 60 年）。

36：屈萬里、昌彼得著,《圖書板本學要略》（台北市：中國文化大學出版部,民國 68 年）。

37：洪有豐著,《圖書館學論文集》（台北市：洪餘慶發行,民國 57 年）。

38：姚名達著,《中國目錄學史》（台北市：台灣商務印書館,民國 73 年,臺八版）。

39：姚名達著,《中國目錄學年表》（台北市：商務印書館,民國 56 年,臺一版）。

40：姚名達著,《目錄學》（台北市：盤庚出版社,民國 68 年）。

41：孫毓修著,《中國雕板源流考》（台北市：盤庚出版社地,民國 68 年）。

42：郭玉吉著,《台灣昆蟲生態大覽》（台北市：印刷出版社,民國 72 年）。

43：張民著,《中國印刷術的發明及其影響》(台北市：文史哲出版社,民國 69 年)。

44：張舜徽著,《中國文獻學》(台北市：木鐸出版社,民國 72 年)。

45：張舜徽著,《中國古典文獻學》(台北市：木鐸出版社,民國 72 年)。

46：張璉撰,《明代中央政府刻書研究》,中國文化大學史學研究所碩士論文,民國 72 年)。

47：(清) 張燕昌撰,《金粟箋說》(台北市：藝文印書館,《百部叢書集成》本)

48：陳登原,《天一閣藏書考》(南京：金陵大學中國文化研究所,民國 19 年),(台北市：古亭書室影印本)。

49：陳登原著,《中國歷代典籍考》(台北市：盤庚出版社,民國 68 年)。

50：陳國寧著,《博物館的演進與現代管理方法之研討》(台北市：文史哲出版社,民國 67 年)。

51：陳彬龢著,《中國書史》(台北市：盤庚出版社,民國 68 年)。

52：(宋) 陳騤撰,《南宋館閣錄》(台北市：商務印書館,《四庫珍本》)

53：梁實秋等,《大書坊》(台北市：聯合報社,民國 73 年)。

54：喬衍琯、張錦郎編,《圖書印刷發展史論文集》(台北市：文史哲出版社,民國 68 年)。

55：喬衍琯、張錦郎編,《圖書印刷發展史論文集續編》(台北市：文史哲出版社,民國 71 年)。

56：(清) 葉昌熾撰,《藏書紀事詩》(台北市：世界書局,《中國學術名著》第二輯)。

57：葉松發著,《中國書籍史話》(高雄市：白莊出版社,民國 67 年)。

58：葉德輝撰,《書林清話》(台北市：世界書局,《中國學術名著》第三輯)。

59：楊立誠、金步瀛合編,《中國藏書家考略》(台北市：文海出版社,民國 60 年)。

60：楊平世編,《台灣的昆蟲》(台北市：渡假出版社,民國 69 年)。

61：潘美月著,《宋代藏書家考》(台北市：學海出版社,民國 69 年)。

62：鄧雲特著,《中國救荒史》(台北市：台灣商務印書館,民國 67 年,台三版)。

63：蔣元卿著,《校讎學史》(台北市：盤庚出版社,民國 68 年)。

64：蔣伯潛著,《校讎目錄學纂要》(台北市：盤庚出版社,民國 68 年)。

65：劉冰著,《中國裝訂簡史》(出版者不詳)。

66：盧震京著,《圖書學大辭典》(台北市：台灣商務印書館,民國 68 年,修訂台二版)。

67：學海出版社編輯部編,《中國圖書版本學論文選輯》(台北市：學海出版社,民國 70 年)。

68：錢存訓著,《中國古代書史》(香港：香港中文大學,民國 64 年)。

69：錢基博著，《版本通義》（台北市：盤庚出版社，民國 68 年）。

70：薛作雲著，《圖書資料學》（台北市：文津出版社，民國 68 年）。

71：譚旦同著，《中華民間工藝圖說》（台北市：華岡出版部，民國 61 年）。

72：藍文欽撰，《鐵琴銅劍樓藏書研究》，台灣大學圖書館學研究所碩士論文（民國 73 年）。

73：藍乾章著，《圖書館行政》（台北市：五南出版社，民國 71 年）。

74：蘇精著，《近代藏書三十家》（台北市：傳記文學出版社，民國 72 年）。

75：（宋）蘇易簡撰，《文房四譜》（台北市：藝文印書館，《百部叢書集成》本）。

76：嚴文郁著，《中國圖書館發展史》（台北市：中國圖書館學會，民國 72 年）。

77：（日）古野健雄譯，《圖書館製本の手引》（東京：理想社，昭和 35 年）。

78：（日）伊藤明巷，《圖書の修理と製本》（東京：同學社，昭和 30 年）。

79：（日）澤田雨竹著，《書病考》（台北市：出版者不詳，昭和 14 年）。

二、論文部分

1：也珍，〈中國著名書樓與四庫全書〉，《新天地》，五卷一一期（民國 56 年 1 月），頁 6～7。

2：王重民，〈說裝潢〉，《文史集林》，三輯（民國 69 年 2 月），頁 237～238。

3：不著撰人，〈對明清時期防蠹紙的研究〉，《文史集林》，四輯（民國 70 年 1 月），頁 193～196。

4：李小緣，〈圖書館建築〉，《圖書館學季刊》，二卷三期（民國 16 年 10 月），頁 385～400。

5：李甲學，〈中國人用紙的故事〉，《中國文化故事》，第一集（台北市：綜合月刊社，民國 64 年），頁 9～16。

6：李孟晉，〈中國歷代書厄概觀〉，"HKLA Journal,"五期（民國 69 年），頁 77～86。

7：李清志，〈善本圖書的保管方法〉，《教育資料科學月刊》，一七卷一期（民國 69 年 3 月），頁 15～17。

8：李學智，〈談談清朝的檔案－內閣大庫檔劫餘秘辛〉，《出版與研究》，四十期（民國 68 年 2 月），頁 6～13。

9：李耀南，〈中國書裝幀考〉，《圖書館學季刊》，四卷二期（民國 19 年 3 月），頁 207～216。

10：Lee, Mary M.著，李鳳生譯，〈圖書保管的理論與實際〉，《國立中央圖書館館刊》，新六卷一期（民國 62 年 3 月），頁 59～62。

11：Adelstein, P.Z. 著，吳相鏞譯，〈縮影軟片之保藏〉，《教育資料科學月刊》，一五卷一期（民國 68 年 3 月），頁 13～16。

12：呂昭彥，〈建議台北市採行的一種空氣品質指數〉，《台灣環境衛生》，一三卷二期（民國 71 年 1 月），頁 67～75。

13：Jesse, William H. 著，余小曼譯，〈新式圖書館建築的優點與缺點〉，《圖書館學報》，七期（民國 54 年 7 月），頁 319～322。

14：余敦平，〈淺談酸性對紙張的破壞和化學處理方法〉，《雄獅美術》，一五七期（民國 73 年 3 月），頁 92～93。

15：林慶彰，〈知識的水庫——歷代對圖書文獻的整理與保藏〉，《中國文化新論》，〈學術篇〉，（台北市：聯經出版公司，民國 72 年），頁 539～585。

16：施廷鏞，〈故宮圖書記〉，《圖書館學季刊》，一卷一期（民國 15 年 1 月），頁 53～60。

17：封思毅，〈宋代秘閣黃本〉，《國立中央圖書館館刊》，新一四卷一期（民國 70 年 6 月），頁 1～7。

18：高禔熹，〈清季藏書四大家考〉，《教育資料科學月刊》，九卷二期至十卷三期（民國 65 年）。

19：班書閣，〈書院藏書考〉，《國立北平圖書館館刊》，五卷三期（民國 2 年 7 月），頁 53～72。

20：袁同禮，〈宋代私家藏書概略〉，《圖書館學季刊》，二卷二期（民國 16 年 4 月），頁 179～187。

21：袁同禮，〈明代私家藏書概略〉，《圖書館學季刊》，二卷一期（民國 16 年 1 月），頁 1～8。

25：袁同禮，〈皇史宬記〉，《圖書館學季刊》，二卷三期（民國 17 年 3 月），頁 443～444。

26：殷登國，〈藏書癖〉，《新書月刊》，三期（民國 72 年 12 月），頁 27～29。

24：張世賢，〈漫談文物保存〉，《科學月刊》，一二卷五期（民國 70 年 5 月），頁 28～33。

25：張鼎鐘，〈從現代科技看圖書之典藏〉，中央日報（民國 72 年 12 月 16 日），二十版。

26：張璉，〈明代中央政府圖書的收藏與散佚〉，《中國圖書館學會會報》，三六期（民國 73 年），頁 197～204。

27：張璉，〈明代國子監刻書〉，《國立中央圖書館館刊》，新一七卷一期（民國 73 年 6 月），頁 73～83。

28：陳大川，〈中國造紙術的起源與早期造紙法〉，《中國科技史演講記錄選輯（2）》（台北市：自然科學文化公司出版部，民國 72 年），頁 244～253。

29：陳萬鼐，〈中國圖書館史料輯原初稿〉，《中國圖書館學會會報》，二八期（民國 65 年 12 月），頁 23～35。

30：陳樂素，〈宋初三館考〉，《圖書季刊》，三卷三期（民國 25 年 9 月），頁 107～

116。

31：項士元，〈浙江藏書家考略〉，《文瀾學報》，三卷一期（民國 26 年 3 月），頁 1689
　　～1720。

32：Lribolet, Harold W. 著，黃玉燕譯，〈圖書館書籍保存之趨勢〉，《圖書館學報》，
　　七期（民國 54 年 7 月），頁 331～334。

33：黃章明，〈如何使善本書延年益壽〉，《出版與研究》（民國 66 年 7 月 16 日），二
　　版。

34：黃潮宗，〈宋代的國立圖書館〉，《大陸雜誌》，四六卷二期（民國 62 年 2 月），
　　頁 20～36。

35：黃寶端，〈熱帶地區圖書館的書籍保存與維護〉，《教育與文化》，二六三期（民
　　國 50 年 6 月 22 日），頁 41～44。

36：梁子涵，〈中國書藏的側面〉，《圖書館學報》，七期（民國 54 年 7 月），頁 103
　　～112。

37：梁容若，〈中國歷代佚亡典藏的總合觀察〉，《東海學報》，九卷二期（民國 57
　　年 7 月），頁 19～30。

38：劉淦芝，〈中國害蟲防治史〉，《中國科技史演講記錄選輯（2)》，（台北市，自然
　　科學文化公司出版部），頁 224～242。

39：劉廣定，〈中國古代的紙和造紙術〉，《科學月刊》，一二卷二期（民國 70 年 2
　　月），頁 20～26。

40：潘美月，〈宋代私家藏書之特色〉，《書府》，三期（民國 70 年 4 月），頁 33～38。

41：潘銘燊，〈宋代私家藏書考〉，《華國》，六期（民國 60 年 7 月），頁 201～252。

42：樋口末廣撰，周炳鑫譯，〈書籍之保存與溫濕度調整裝置〉，《圖書月刊》，一卷
　　二期（民國 35 年 9 月），頁 5～6。

43：霍懷恕，〈線裝書籍保護法〉，《學風》，五卷五期（民國 23 年 5 月），頁 1～15。

44：錢南揚，〈天一閣之現狀〉，《國立北平圖書館館刊》，五卷一期（民國 19 年 10
　　月），頁 33～38。

45：藍乾章，〈古今中外私家藏書對於文化建設的貢獻〉，《社會教育論叢》，二輯（民
　　國 70 年 11 月），頁 60～66。

46：蘇雪林，〈中國圖書的厄運〉，《最古的人類故事》，台北市，傳記文學社（民國
　　59 年），頁 87～94。

47：蘇瑩輝，〈從考古學上的新發現論圖書館起源〉，《圖書館學報》，二期（民國 49
　　年），頁 31～43。

48：Wong, Wenson, "The Development of library building in China", *Library Jouranl* 64
　　（1939），pp. 295～298。

南宋館閣典籍考

李健祥　著

作者簡介

李健祥：37 年 5 月 1 日　政治大學中文系：中文研究所畢業　現任教：中國醫藥大學

提　要

　　本書主要敘述及考證之重點為南宋一朝之館閣典藏及校理圖籍之情況。

　　第一章敘述靖康、建炎間之圖籍散佚，明胡應麟《少室山房筆叢》若以此為隋秘書監牛弘所述圖書五厄之後，圖書復有五厄之一。

　　本章之第一節敘述私家藏書之播亡，蓋以私家藏書與館閣藏書，互為脣齒；私家藏書散失後，館閣藏書所受之影響亦大。本節引李清照《金石錄後序》、葉夢得《避暑錄話》等所言私家藏書播亡之情形。第二節言館閣圖籍之散佚，首引《文獻通考・經籍考》等文，以明北宋一朝館閣藏書情況，再為敘述靖康、建炎間之圖籍散佚。而圖籍散佚之主因，一則為金人之掠奪，再則亡佚於轉運中。

　　第二章敘述南宋之訪書，南宋初雖以圖籍因靖康兵亂散佚殆盡。然經君臣下上戮力搜訪，於孝宗淳熙年間編《中興館閣書目》時已聚書四萬四千四百八十六卷，其後寧宗嘉定間編《中興館閣續書目》又得書一萬四千九百四十三卷，合計較之北宋政和間之《秘書總目》七萬三千八百七十七卷，雖稍有不及，然已屬難能矣！

　　本章第一節敘述高宗一朝之訪書，第二節敘述孝宗及孝宗以後各朝之訪書。第三節敘述南宋館閣訪書所遭遇之困難及其得失；南宋訪書所遭遇之困難計有（一）、獻書賞格未立及獻書恩賞微薄，（二）、有司執行不力，（三）、懼以獻書賈禍而不敢投獻諸端。訪書得失則以其數不媿前朝為其得，而秘府所存多為近代著述，奇秘闕逸較前少損為其失。

　　第三章言南宋館閣之藏書情形，第一節敘述各藏書處所之建置沿革及藏書概況，第二節為南宋館閣藏書之檢討。

　　第四章敘述南宋館閣之校書，於此可分二方面言之，一為專校經史群書中之某一部書或某類書；二為廣校館閣所收郡國士民所進獻圖籍。

　　第五章敘述南宋未年之圖籍散佚：南宋未年館閣圖書首毀於理宗紹定四年之臨安大火；其後元人南下，又盡失於其有計劃之掠奪。

　　以上為本書各章之內容大要。

目

錄

自　序

　　名山之業，石室之藏，自古有之，而述者蓋尠。甚或僅爲偶及，或傷其瑣細，固未嘗有專及於此者。曩昔，聆周駿富老師「中國圖書館史」之業，周師曾有〈北宋館閣典校圖籍考〉一文，載《台灣大學文史哲學報》中，言北宋館閣搜訪、藏、校圖籍之事甚詳。時值筆者以研究南宋曾慥《類說》之便，於南宋文獻亦多涉獵，知南宋一朝以靖康亂後，館閣藏庋，散亡殆盡；而經君臣上下，勠力搜訪，所得甚夥，右文之風，誠有足多者。而其間之圖籍播亡情形及訪書之勤，藏書之制，乃至於校理圖籍之事，均有亟待吾人探索者在焉。故敢不憚鄙陋，撰爲本文。蓋思以此或可補「中國圖書館史」中之一環也。

　　本文寫作期間，頗爲「文獻不足」所苦。尤以南宋自孝宗以後，史料極乏，雖則遍爲搜訪有關載籍，甚及各家別集，筆記小說，其不可得者仍多。更兼以筆者才學疏淺，闕漏之處，自爲難免，大雅君子，幸教正之。

二〇〇五年七月

第一章　靖康建炎間之圖籍散佚

　　胡應麟《少室山房筆叢》卷一云：「牛弘所論五厄，皆六代前事，隋開皇之盛極矣！未幾悉灰於廣陵。唐開元之盛極矣！未幾悉灰於安史。肅代二宗，荐加糾集，黃巢之亂，復致蕩然。宋世圖書，一盛於慶曆，再盛於宣和，而女眞之禍成矣！三盛於淳熙，四盛於嘉定，而蒙古之師至矣！然則書自六朝之後，復有五厄：大業一也，天寶二也，廣明三也，靖康四也，紹定五也，通前則爲十厄矣〔註1〕！」是則言靖康之變，兵燹所至，殃及圖籍者，其受災之烈，不亞於秦火以來之任何圖籍之厄！

　　北宋館閣所儲，自太宗以來遞有所增，歷朝帝王，亦孜孜以圖籍爲事，故其所典藏，較之歷代，實有過之而無不及。其見著於目者，計仁宗慶曆年間所編《崇文總目》得三萬六百六十九卷；而徽宗政和年間，編製《秘書總目》時，其所著錄，更達七萬三千八百七十七卷之鉅，可謂極盡右文之能事〔註2〕。即私家所藏，如邯鄲李氏、南都戚氏，歷陽沈氏……，所儲均不減秘府。周密《齊東野語》卷十二〈書籍之厄〉條下云：

　　　　……宋室承平時，如南都戚氏、歷陽沈氏、盧山李氏、九江陳氏、
　　鄱陽吳氏；王文康、李文正、宋宣獻、晁以道、劉壯輿，皆號藏書之富。

〔註1〕牛弘言書有五厄，見《隋書》卷四十九〈牛弘傳〉；其言書有五厄，一爲秦始皇之焚書；二爲新莽之末，長安兵起，盡焚宮室圖書；三爲東漢末，董卓逼孝獻移都，西京大亂，一時播蕩；四爲晉永嘉之亂，胡騎陷京，復至蕩然；五爲梁侯景之亂，蕭繹收秘府所藏赴荊州，而北周師入郢，蕭繹盡焚之於外城。隋朝典藏盡焚於廣陵，唐開元圖籍之厄於安史之亂，及唐末圖書再厄於黃巢之亂事，洪邁《容齋隨筆續筆》卷十五，言之最詳。

〔註2〕《崇文總目》所目卷帙，與夫宣和《秘書總目》所錄卷數，俱見《文獻通考·經籍考》。

邯鄲李淑五十七類二萬四千五百卷，南都王仲至四萬三千餘卷，而類書
浩博，若《太平御覽》之類，復不與焉！次如會稽南豐及李氏山房，亦
皆一二萬卷，然後靡不厄於兵火者。……

蓋以北宋承平日久，朝廷刻意右文，且上有好之者，下必有倡之者，故一朝
所儲，凌鑠前代，彬彬文風，實有足多者。而以靖康亂起，金人南下，兵燹所至，
蕩析無遺，可不浩嘆！

第一節　私家藏書之播亡

館閣所儲，毀於兵災，固為南渡初期內府藏書匱乏之主因，而私家藏度，散
失靡遺，亦造成南宋館職搜訪圖籍之極大阻礙。

晁公武《郡齋讀書志》卷五〈宋書〉條下云：

嘉祐中以宋、齊、梁、陳、魏、北周書，舛謬亡缺，詔館職讎校。
曾鞏等以秘閣所藏多誤，不足憑以是正，請詔天下藏書之家，悉上異本，
久之，始集。治平中，鞏校定南齊、梁、陳三書上之，劉恕等上後魏書，
王安國上周書，政和中，始皆畢。頒之學宮，民間傳者尚少。未幾，遭
靖康丙午之亂，此書幾亡。紹興十四年，井憲孟為四川漕，始檄諸州學
宮求當日所頒本。時四川四十餘州，獨不被兵，書頗有在者。然往往亡
闕不全，收合補綴，獨少後魏書十餘卷，最後得宇文季蒙家本，偶有所
少者，於是七史復全，因命眉山刊行焉。

袁褧《楓窗小牘》卷下云：

「余家藏《春秋繁露》中缺兩紙，比從藏書家借對，缺紙皆然，即
館閣訂本，亦復爾爾，不知當時校勘受賞銀券者，得無愧乎！後從相國
寺資聖門買得抄本，兩紙俱全，此時歡喜，如得重寶，架橐似為生氣，
及亂離南來，缺本且不可得矣！

觀晁氏之言，知雖以南渡初期高宗訪求遺書之誠之勤，而以私家藏書之散佚，
已造成訪書之極大困難；觀袁氏所舉以《春秋繁露》為例者，更可知私人所藏，
與官家典籍，實為脣齒。私家藏書既亡，則雖官府館職，竭力訪求，以實三館之
儲，仍有不可求而得之者矣！

靖康之變，胡騎南鶩，所至州縣俱遭焚掠，爾後兵去匪起，為禍尤烈，兵匪
交侵，宜乎圖籍遭厄至深！

李清照《金石錄・後序》云：

……至靖康丙午歲，侯守淄州，聞金人犯京師，四顧茫然，盈箱溢篋，且戀戀，且悵悵，知其必不爲己物矣！建炎丁未春三月，奉太夫人喪南來，況物長不能盡載，乃先去書之重大印本者，又去畫之多幅者，又去古器之無款識者，後又去書之監本者，畫之平常者，器之重大者，凡屢減去，尚載書十五車。至東海連艫渡淮，又渡江至建康青州故第，尚鎖書冊雜物用屋十餘間。期明年春，再具舟載之。十二月，金人陷青州，凡所謂十餘屋者，已皆爲煨燼矣！建炎已酉夏，被旨知湖州，赴召病店不起，時猶有書二萬卷，又金石刻二千卷，器皿茵褥，可待百客，他長物稱是。余又大病，僅存喘息，念侯有妹婿任兵部侍郎，從衛在洪州。遂遣二故吏，先部送往投之。冬十二月，金人陷洪州，所謂連艫渡江之書，又散爲雲煙矣！獨餘少輕小卷軸書，帖寫本，《李杜韓柳集》，《世說》，《鹽鐵論》，漢唐石刻副本數十幅，三代鼎十數事，南唐寫本書數篋，偶病中把玩，搬在臥內著，巋然獨存。紹興壬子，將家中所有寄剡，官軍收叛卒取去，聞盡入故李將軍家，所謂巋然獨存者，無慮十去五六矣！惟有書畫硯墨，可五六簏，更不忍置他所，常在臥榻下，手自開闔。在會稽卜居士民鍾氏舍，忽一夕穴壁負五簏去，余悲慟不欲活。重立賞收贖，後二日，鄰人鍾復岳出十八軸求賞，故知其盜不遠矣！萬計求之，其餘遂牢不可出。今知盡爲吳說運使，賤價得之。所謂巋然獨存者，又十去七八；所有一二殘零，不成部帙，書冊三數種，平平書帖，又復愛惜如護頭目，何愚也耶！

李氏所藏，初經兵火焚十餘屋後，猶得二萬餘卷，其收藏不可謂不富！爾後再迭遭兵掠匪劫，乃至散亡幾於片紙無存，其被禍之慘，殆無以過之。而當時私家藏書，亦均大都難脫此厄！葉夢得《避暑錄話》云：

余家舊藏書三萬餘卷，喪亂以來，所亡幾半。山居狹隘，餘地置書囊無幾，雨漏鼠蝕，自復蠹敗，今歲出曝之，閱兩旬才畢，其間往往多余手自抄，覽之如隔世事！

晁公武《郡齋讀書志》序云：

公武家自文元公以來，以翰墨爲業者七世，故家多書，至於是正之功，世無與讓。然中原無事時已有火厄，及兵戈之後，尺素不存也。余仕官連蹇，久益窮空，雖心志未衰，而無書可讀，每恨之。

王明清《揮麈後錄》卷七亦云：

先祖早歲登科，遊宦四方，留心典籍，所藏書，逮四萬卷，皆手自

校讎，儲之於鄉里，汝陰士大夫，多從而借傳。元符末，坐黨籍，謫官湖州，乃於安陸卜築，爲久居計，輦置其半於新居。建炎初，寇盜蜂起，惟德安以邑令陳規元則帥眾堅守，秋毫無犯。事聞，擢守本郡。先祖之遺書，留空宅中，悉爲元則載之而去。後十年，元則以閣學士來守順昌，亦保城無虞。先祖汝陰舊藏書猶存，又爲元則所掩有。二處之書，悉歸陳氏，先人每以太息，然無從理而索之。先人南渡後，所至窮力抄錄，亦有書數萬卷。明清憂患之初，年幼力弱，秦伯陽遣浙漕吳彥猷渡江，攫取大半。

陸游《渭南文集》卷二十八〈跋京本家語〉云：

> 本朝藏書之家，獨稱李邯鄲公、宋常山公，所蓄皆不減三萬卷，而《宋書》校讎，尤爲精詳。不幸兩遭回祿之禍，方策掃地矣！李氏書屬靖康之變，金人犯闕，散亡皆盡。收書之富獨稱江浙，繼而胡騎南騖，州縣悉遭焚劫，異時藏書之家，百不一存，縱有在者，又皆零落不全。

徐度《卻掃篇》卷下云：

> 余所見藏書之富者，莫如南都王仲至侍郎家，其目至四萬三千卷；而類書之卷帙浩博，如《太平廣記》之類，皆不在其間，雖秘府之盛無以踰之。……渡江書盡留睢陽第中，存亡不可知，可惜也。

綜上所記，知於靖康、建炎之際，諸家所藏，或毀於兵災，成失於匪掠，甚或兵匪兩劫俱至，宜乎其蕩析靡遺！王明清《揮麈後錄》卷七所云：

> 靖康俶擾，中秘所藏與士大夫家者，悉爲烏有……豈厄會自有時邪！

眞豈厄會自有時邪？而觀李清照語：「所有一二殘零，不成部帙，書冊三數種，平平書帖，又復愛惜如頭目，何愚也耶？」葉夢得語：「其間往往多余手抄，覽之如隔世事。」晁公武語：「及兵戈之後尺素不存也，余仕官連蹇，久益窮空，雖心志未衰，而無書可讀，每恨之。」諸人之言，愴然之情，躍然紙上。藏書家寶惜圖籍之苦心，及異時搜訪校理圖書之辛勤，毀之於一旦，誠足致悲；而其間接影響及南渡之後圖籍搜訪之困難並使後世誠有文獻不足徵之嘆者，又豈待言哉！

第二節　館閣圖籍之散佚

靖康以來私家藏書之散佚情形，既已如上述矣！而館閣所儲，亦悉一旦全毀，致使兩百年來積聚之功，掃地無餘。蓋北宋一朝所儲，其目雖亞於隋嘉則殿之三

十七萬卷，唐開元之八萬九千六百餘卷〔註3〕；而其間朝廷上下黽力右文，四方奇書於是間出，亦可謂彬彬然盛矣！更有可述者乃在其能於三館之外，廣設藏庋之所，以備不虞時補錄之用，實爲前代後世之未及者。今試引《文獻通考·經籍考總敘》之文，以明北宋一朝館閣藏書之要焉。

《文獻通考》卷一百七十四〈經籍一·總序〉云：

> 宋建隆初三館有書萬二千餘卷，乾德元年平荊南，盡收其圖書以實三館。三年平蜀，遣右拾遺孫逢吉往收其圖籍，凡得萬三千卷，四年下詔購募亡書，三禮涉弼三傳彭幹學究朱載等皆詣闕獻書，合千二百二十八卷，詔分置書府。……開寶八年冬平江南，明年春遣太子洗馬李龜祥就金陵籍其圖書，得二萬餘卷，悉送史館，至是群書漸備。兩浙錢俶歸朝，又收其書籍。……太平興國初太宗因幸三館……即詔經度左昇龍門東北舊車路院別建三館。命中使督其役，棟宇之制，皆親所規劃。三年二月書院成，……於是盡遷舊館之書以實之，院之東廊爲昭文書庫，南廊爲集賢書庫，西廊有四庫分經史子集四部，爲史館書庫，六庫書籍正副本凡八萬卷，策府之文，煥乎一變矣！……端拱元年詔分三館之書萬餘，別爲書庫，目曰秘閣。……淳化二年五月，以史館所藏天文、曆算、陰陽、數術、兵法之書凡五千十二卷，天文圖畫一百十四卷，悉付秘閣。……祖宗藏書之所曰三館秘閣，在左昇龍門北，是爲崇文院。自建隆至大中祥符，著錄總三萬六千二百八十卷。八年館閣火，移寓右掖門外，謂之崇文外院。借太清樓本補寫，既多損蠹，更命繕還，天聖三年成萬七千六百卷，歸於太清。九年冬新作崇文院，館閣復而外院廢。時已增募寫書吏，專事完緝。景祐初，命翰林學士張觀，知制誥李淑宋祈編四庫書，館閣官錄事覆校。二年上經史八千四百二十五卷，明年上子集萬二千三百六十六卷，……詔購求逸書，復以書有謬濫不完，始命定其存廢，因倣開元四部錄爲《崇文總目》，慶曆初成書，凡三萬六百六十

〔註3〕隋嘉則殿藏書卷數，見王明清《揮麈後錄》卷七引唐著作郎杜寶撰〈大業幸江都記〉云。唐開元藏書數爲八萬九千卷，見《文獻通考·經籍考總敘》引宋徽宗大觀四年秘書監何志同言。唯據《新唐書·藝文志》所云：毋煚所上《群書四部錄》登錄卷帙爲五萬三千九百一十五卷，另唐之學者自爲書又二萬八千四百六十九卷，合計僅爲八萬二千三百七十四卷而已。然《舊唐書·經籍志》云《開元群書四部書錄》所錄爲五萬一千八百五十二卷，另《開元內外經錄》所收道釋書有二千五百餘部九千五百餘卷，若再以此益《新唐書·藝文志》所言唐學者之自爲者二萬八千卷，其數洽爲八萬九千卷左右。何氏之言，或以此二者累合計數得之。

九卷。然或相重亦有可取而誤棄不錄者。嘉祐四年，右正言秘閣校理吳及言內臣監館閣久不更，書多亡失，補寫不精，請選館職分吏編寫，重借書法求訪所遺，事並施用。令陳襄、蔡抗、蘇頌、陳繹遍定四館書，不兼他局，二年一代，遂用黃紙寫印正本，以防蠹敗。……明年冬，奏黃本書六千四百九十六卷，補白本二千九百五十四卷，賜宴如景祐。自是編寫不絕，收獻書二百一十七部千三百六十八卷，合《崇文總目》除前志所載，刪去重複訛謬，定註一千四百七十八部，八千四百九十四卷。……七年（熙寧）……成都府進士郭有直及其子大亨所獻書三千七百七十九卷，得秘府所無者五百三卷，詔官大亨為將作監主簿。自是中外以書來上，凡增四百四十部六千九百三十九卷。元豐三年改官制，廢館職；以崇文院為秘書省，刊寫分貯集賢院、史館、昭文館、秘閣。……政和七年，校書郎孫覿言太宗皇帝建崇文殿為藏書之所，景祐中仁宗皇帝詔儒臣即秘書所藏，編次條目，所得書以類分門，賜名《崇文總目》。神宗皇帝以崇文院無秘書省，釐正官名，獨四庫書尚循崇文舊目。項因臣僚建言訪求遺書，累年所得，總目之外已數百家，幾萬餘卷。乞依景祐故事，詔秘書省官以所訪遺書討論撰次，增入總目，合為一書，乞別製美名，以更崇文之號。乃命覿及著作郎倪濤、校書郎汪藻、劉彥通撰次，名曰《秘書總目》。四年（宣和）乃命建局以補全校正文籍為名，設官總理，募工繕寫，一置宣和殿、一置太清樓、一置秘閣。……四方奇書自是間出。五年二月提舉秘書省言有司搜訪士民家藏書籍，悉上送官參校，有無募工繕寫藏之御府，近與三館參校。榮州助教張頤所進二百二十一卷，李東一百六十二卷，皆係闕遺，乞加褒賞，詔頤賜進士出身，東補迪功郎。七年秘書省又言取索到王闓、張宿等家藏書以實三館秘閣，比對所無者凡六百五十八部，四百一十七卷，及集有官勘校，皆悉善本。比前後所進書稍多，詔闓補承務郎，宿補迪功郎。然自熙寧以來，搜訪補緝，至宣和盛矣！……。

由此觀之北宋一朝，對於書籍之搜訪補緝校理，可謂不遺餘力！觀政和七年《秘書總目》之作，已得書七萬三千八百七十七卷，再益以政和後所得，內府之藏亦幾於唐開元四部錄所載之數！而其補寫書籍，分儲各所之舉，尤為前代所無。《宋史·藝文志》序云：

　　　　真宗時命三館寫四部書，二本置禁中之龍圖閣，及後苑之太清樓，而玉宸殿，四門殿，亦各有書萬餘卷，又以內閣地隘，分內藏西庫以廣

之，其右文之意，亦云至矣！……徽宗之時，更《崇文總目》之號爲《秘書總目》。……且以三館之書多遺逸，命建局以補全校正爲名，設官總理，募工繕寫，一置宣和殿、一置太清樓。……

　　而靖康亂起，胡騎南騖，秘府所存所遭劫厄，實爲繼隋嘉則殿藏書盡付回祿，及安史之亂所焚開元、天寶秘書府所藏之圖籍之厄後之一大災劫！雖則南渡之後，勠力搜訪闕失，然已有永不可再得者矣！

　　王明清《揮麈前錄》卷上云：

　　　　國朝承五代搶攘之後，三館有書，僅萬二千卷，乾德以後，平諸國，所得寖廣。太宗嚮儒學，下詔搜訪民間，以開元四部無目，館中所缺，及三百卷以上者，與一子出身。端拱三年，分三館之書，列爲書庫，目曰秘閣。眞宗咸平三年，詔中外臣庶家，有收得三館所少書籍，每上一卷，給千錢。送到館看詳，委是所少書數，及卷帙別無錯誤，方許收納。其進書及三百卷以上，量才施用與出身。又令三館寫四部書二本，一置禁中龍圖閣，一置後苑太清樓，以便觀覽。八年，榮王宮火，延燔三殿，焚爇殆遍。於是出禁中，就館閣傳寫。……嘉祐五年，又詔中外庶士許上所闕書，每卷支絹一匹；及五百卷，特與文資。……宣和中，蔡攸提舉秘書省，建言置御前書籍所，再訪天下遺書，以資校對。……未畢而國家多故，靖康之變，諸書悉不存。

「諸書悉不存。」此其災厄何其鉅；而考其蕩析靡餘之因，約有以下數端：

一、金人之掠奪

　　金人立國之初，即刻意文教，於鐵騎南下未圍汴京之前，即以索取圖書爲議和之條件，《大金弔伐錄》卷上靖康元年致宋主書云：

　　　　自新結好以後，凡圖書往復，並依伯姪禮體施行。今放黃河更不無界，可太原府、中山府、河間等一帶所有地分畫立疆，至將來撥屬本朝。於內城池別有變亂，貴朝應管擒制交送來制，改添歲幣七百萬貫。除自來已夜送銀絹兩色外，擬祇歲輸兩百萬貫；貨物合要賞軍兵物書如下：

　　　　　書五監〔註4〕

　　　　　金五百萬兩

　　　　　銀五千萬兩

〔註 4〕官刻之書一套，謂之一監。

　　雜色表一百萬疋

　　裏絹一百萬段疋

　　馬牛驟各一百頭疋

　　駞一千頭

　　可見當時金人索取之物中，已將圖籍列爲重要之索取項目，而當時宋室已然國力不振，接書後即遣康王構爲質，並押送金人索取之物，遠赴金京納輸矣！及金陷汴京之後，復大肆掠奪，舉凡金銀布帛外之一切與典章制度政治有關之物，俱在索取之列；而三館、秘閣、太清樓及國子監所藏之圖書經版，亦搜括殆盡。罄府庫，竭帑藏，北宋二百餘年之積聚，至此盡歸於燕。而金人之掠奪，復以孤軍深入，不宜久留之故，其索取甚急。據佚名所撰之《南燼紀聞錄》云：

　　十二月初五日（靖康元年）

　　　　十一月二十五日京師陷，……十二月初五日，遣兵入城搬運書籍，

　　　　並國子監，三省六部司式官制，天下戶口圖籍……。

十一月二十五日破汴京，而於十二月初五日，即遣兵入城做有計劃之掠奪，其速不可謂不遽。而在此日之後，金人之索取幾至無虛日，宋室在亡國之餘，亦僅能委屈求全，盡力供輸矣！

　　丁特起《靖康紀聞》云：

　　十二月二十三日（靖康元年）

　　　　金人索取監書藏經，如蘇、黃文及資治通鑑之類，指名索取。仍移

　　　　文開封府，令見錢支出，買開封府直取書籍舖。……

甚及開封府內諸書籍舖所藏之書，亦在搜掠之內，金人之垂意於圖書者，亦云至矣！

　　《靖康要錄》卷十四云：

　　靖康元年十二月

　　　　二十五日……，虜人入國子監取官書，凡王安石說皆棄之。……

前二十三日，指名索取蘇黃文及《資治通鑑》，而此則於王安石說皆棄之。金人若非在南侵之前已然於宋朝故實熟稔異常，焉能如此！而由此可以證之，金人之索取圖書，爲一具有計劃之行動！

　　《靖康要錄》卷十四云：

　　靖康元年十二月

　　　　二十八日……虜取秘書錄及所藏古器。……

此日之取秘書省所儲，爲其大規模搜掠取宋官府所藏簿籍及館閣藏書之先聲。

《靖康要錄》卷十五云：

靖康二年正月二十六日

虜須南郊法駕大駕之屬，五輅、副輅、鹵簿、儀仗；皇后以下車輅、鹵簿、議仗；皇太子諸王以下至百官車輅、儀仗、禮器、法物，禮經禮圖，大樂軒架，樂舞、樂圖、舜文之琴，教坊樂器，樂書樂章。祭器，明堂布政閏月體式、八寶九鼎、元圭、鎮奎、大器、合台、渾天儀、銅人刻漏，古器，秘閣三館書籍，監本印板，古聖賢圖像，明堂辟雍圖，皇城宮闕、四京圖，百司並天下州府職貢令應，宋人文集，陰陽醫卜之書……。

觀此，可知金人所掠奪者，除金銀布帛珍玩之外，又復殷垂意於一切有關典章文物！無怪乎爾後金人立國，其文教之盛，有不亞於漢唐者矣！

是日（靖康二年元月二十六日）宋室即遣官押送金人所需之物，赴敵營。

李心傳《建炎以來繫年要錄》卷一云：

丙辰。金人來索法駕杖衛，……又遣鴻臚卿康執權，秘書省書郎劉才邵，國子博士熊彥詩等押監書及道澤徑板，館閣圖籍納營。

而此次康執權等人之押送圖籍往敵營輸納，除物為金人所取之外，一行諸人並為金人所留！此其為金人日後亦取宋室官吏北返之始。

《靖康要錄》卷十五云：

靖康二年正月二十六日

鴻臚卿康執權，少卿元當可，寺丞鄧肅，押道釋徑板；校書郎劉才邵，傳宿，國子監主簿葉將，博士熊彥詩，上官悟等五人，押監書印板，並館中圖籍送納，並留營中。劉軼，折彥質以下數人，皆取以往。

而以宋宮廷內府所藏，其數甚多，自無法於一日之內運輸完畢，故自是日起，金人即用人車做大規模之搬運工作。

《靖康紀聞》云：

靖康二年正月二十七日

金人索郊天儀物，法服、鹵簿、冠冕、乘輿種種等物，及台省寺監官吏通書。……又取犀象寶玉、藥路、彩色帽幞，書籍之屬，人擔車逕往供納，急如星火。

又云：

靖康二年正月三十日

金人索取八寶九鼎、車輅等。及索將作監吏，尚書省吏人，秘書省

文籍，國子監印板，及陰陽傳神侍詔等，並節次津，遣是日解發……午刻，以車載數百，行近南熏門。

《靖康要錄》卷十五云：

> 靖康二年二月二日
>
> 　壞司天台渾儀輸軍前；虜圖明堂九鼎，觀之不取，止索三館文籍圖書，國子書版，……又取太清樓書，皆黃帕牙籤。載以大平車，凡百餘，皆遣監官交納於蕃寨。

《建炎以來繫年要錄》云：

> 建炎元年二月
>
> 　丙子，金人遣曹少監，郭少傳……又索取內藏元豐大觀庫簿籍……古書珍畫絡繹於路。

至此，金人之搜取索求，方告一段落，而北宋垂兩百年之積聚，業已蕩然無存矣！《宋史》卷二十三〈欽宗本紀〉云：「夏四月（靖康二年）庚申，朔，大風吹石折木，金人以帝及皇后皇太子北歸。凡法駕鹵簿，皇后以下車輅、鹵簿、冠服、禮器法物、大樂、教坊樂器、祭器、八寶、九鼎、圭璧、渾天儀，銅人刻漏，古器，景靈宮供器，太清樓秘閣三館書，天下州府圖，及官吏、內人、內侍、技藝工匠、娼優；府庫積蓄為之一空。……。」

爾後，金兵繼續南侵，蹄轍所至，亦復無不以搜求圖籍為務，固未嘗以汴京所得為足也，《建炎以來繫年要錄》卷十一云：

> 建炎元年十月
>
> 　甲戌，陷同州降，……惟遣數十騎入州學取書籍而歸，餘無所擾。

金人之南下牧馬，其於圖籍之搜取，至此真可謂不遺餘力！故而北宋館閣所貯，雖則亦復有大半喪失於金人破汴京後北還之轉運途中，而其盡歸於金人秘府所藏者亦為不少。雖則遠赴異國，而亦能僥倖得存者，不可不謂為不幸中之大幸。故洪邁《容齋隨筆續筆》卷十五云：

> 宣和殿、太清樓、龍圖閣，蕩析之餘，盡歸於燕，置之秘書省，乃有幸而得存者矣！

二、轉運中之散佚

金人自攻陷宋都汴京之後，其所能控制之時間自靖康元年十二月起至靖康二年四月二日止，為時僅約四閱月而已。故其在汴京所搜掠諸物，如布帛、圖籍、

珍寶等皆尙未盤運北還，而是時諸路之勤王兵業已大集；蓋以當時康王已就大元帥之職，國家再有領導重心；故諸路散卒敗兵，及各地豪傑之士，紛紛散而又聚，時號百萬，趨往京師解圍。中尤以宗澤、劉光世、李綱諸軍，兵威尤盛。而金兵則以孤軍深入，無法爲持久堅守之計，故於此時，即匆匆北返。掠奪之物，亦因以其行遽甚之故，不及轉運，委棄泥中者多矣！

《靖康要錄》卷十六云：

靖康二年四月二日

是日虜人行絕，其行遽甚，以是四方勤王者大集故也。營中遺物甚多，朝廷差戶部拘收象牙一物，至及二百擔，他不急之物稱是，秘閣圖書，狼籍泥中，金帛尤多，踐之如糞壤。書史以來，安祿山陷長安以後，破京師未有如今日之甚，二百年府庫積蓄，一旦掃地。

「秘閣圖書，狼籍泥中；」「書史以來，安祿山陷長安以後，破京師未有如今日之甚，二百年府庫積蓄，一旦掃地。」甚矣！文物圖書被禍之慘也。故竊謂語靖康圖書之厄者，當以此爲其最甚！

靖康亂後，金人還師，徽、欽二帝北狩，高宗即位濟州，改元建炎。以宗澤留守東都，搜集劫後所餘赴行在，建炎二年春，復移蹕揚州。三年春正月，金人復南侵，諸路軍皆望風而潰，故其推進甚速。是年二月，即已渡淮圍行在，高宗匆爲濟海，而淮揚一破，高宗建炎以來所草創者，又至此盡赴兵燹！《建炎以來繫年要錄》卷二十一言此次被禍之烈云：

建炎三年二月庚申，朔，

上駕御舟泊河岸，……壬子，金人陷天長軍。先是，布衣譙定被旨赴行在，上將用之，及是，失定所在。呂頤浩、張浚，聯馬追及上於瓜州鎮。得小舟，即乘以濟次西津口，上坐水帝廟，取劍就靴擦血，百官皆不至，諸衛禁軍，無一人從者。……

金人之未至也，公私所載，軸艫相銜。運河自揚州至瓜州五十里，僅通一舟。初，城中聞報，出城者皆以得舟爲利；及金兵至，潮不應閘，盡膠泥淖中，金兵取之如拾芥，乘輿、御服、官府案牘，無一留者。……

二月癸丑（建炎三年）

金游騎至瓜州，州民未渡者尚十餘萬，奔迸墮江而死者半之，舟人乘時射利，……金帛珠玉，積江岸如山。時事出倉促，朝廷儀物悉委棄之。……

事出倉促，故即尊貴如天子者，亦祇能於亂兵中隻身避禍，而「百官皆不至，諸

衛禁軍，無一人從者。」更何況於倉遽之際，宜其「乘輿、御服、官府案牘，無一存者。」「事出倉促，朝廷儀物悉委棄之！」而此次倉促轉運時，盡失之物中，亦必有圖籍在焉；陳思《寶刻叢編》卷二引王明清言云：

> 凡上方奇尤卓異之珍，悉爲群胡輦歸彼國，獨此石（定武蘭亭石刻）虜所不識，棄而不取，建炎初，高宗駐蹕廣陵，宗澤、汝霖居守東都，見之，與賊竊之餘數物，遣騎急馳，進行在所。曾未逾月，狄又南寇，大駕東遊，失於倉卒之際。……

按：此石當爲秘閣所儲之物，其他圖書等物，更不在言中矣！

此外，高宗渡海後，即趨臨安，復以之爲行在，而時百官失散者，亦漸次復集。而高宗乃於是年四月權罷秘書省〔註5〕，雖則一以國事多艱，軍用支出浩大，必需縮減官制，以省浮濫；而當其時，書籍之經靖康大劫後倖存者，又復全失於此次倉促南渡，秘書省三館既無所藏，自爲不敷設官之意，故權罷之歟！

綜上所述，可知北宋一朝之書籍典藏，不論其爲私家藏庋，乃至秘府三館所儲；或毀於兵，或失於匪；抑失之於金人之掠奪，抑亡之於轉運之際，俱散佚於靖康、建炎之際矣！此其後，南宋諸帝，雖則屢下求書之詔，其訪求遺書之心，不可謂之不誠，然其終不可復得者蓋眾矣！《文獻通考》卷一百七十四〈經籍考總敘〉云：

> ……然自熙寧以來，搜訪補緝，至宣和盛矣！至靖康之變，散失莫考。今見於著錄，往往多非曩時所訪求者，凡一千四百四十三部，二萬五千二百五十四卷。

「今見於著錄，往往多非曩時所訪求者。」圖書之厄，一至於此，悲夫！

〔註5〕李心傳《建炎以來繫年要錄》卷二十二云：「夏四月庚午（建炎三年），權罷秘書省。」

第二章　南宋之訪書

　　靖康亂起，圖書之厄，既有如上章所述，散亡靡遺。而自高宗即位，定行在於臨安，迄於宋室終祚，雖則軍旅倥傯，國步艱難，未嘗頃刻不以搜訪圖書爲務。故至孝宗淳熙年間編定《中興館閣書目》時，已聚書四萬四千四百八十六卷。較之《崇文總目》之三萬六百六十九卷，又有加焉。爾後寧宗時編《續中興館閣書目》時，續得圖書一萬四千九百四十三卷。雖則較之《政和秘書總目》略有不及，然以前朝所儲蕩析播滅無餘之際，重以兵馬倥傯之餘，傾力以赴，所得若此之富，已爲難能矣！故《宋史・藝文志》序云：

　　……靖康之亂，而宣和館閣之儲，蕩然靡遺。高宗移蹕臨安，乃建秘書省於國史院之右，搜訪補闕，屢優獻書之賞，於是四方之藏，稍稍復出，而館閣編緝，日益以富矣！當時類次書目，得四萬四千四百八十六卷。至寧宗時，續書目，又得一萬四千九百四十三卷，視《崇文總目》又有加焉。自是而後，迄於終祚，國步艱難，軍旅之事，日不暇給，而君臣上下，未嘗頃刻不以文學爲務。大而朝廷，微而草野，其所製作講說，紀述賦詠，重成卷帙，絫而數之，有非前代所及也。

是則元人修史，亦對於南宋一朝右文之風，嘆賞有加焉！

　　而南宋之訪書所得，其數雖不迨北宋之富，而其事則較北宋一朝有多足推崇者。蓋以北宋建國之初，三館即得五代後周所遺圖書達一萬二千卷〔註1〕。其後又繼得荊南高氏書；平蜀，又得後蜀孟氏書一萬三千卷；平江南，續得南唐李氏所

〔註 1〕《文獻通考・經籍考總敍》云：「宋建隆初，有書萬二千餘卷。」而此書籍之由來當爲「周世宗以史館書籍尚少，銳意求訪。」（亦見〈經籍考總敍〉）後，高祖即位汴京後所得。

儲者，其數爲二萬餘卷，再次又得吳越錢氏書及北漢劉氏書〔註2〕。北宋館閣之藏，在此五次得亡國之書之後，已頗充實；爲後來之圖籍庋藏，奠定良好基礎。而南宋則不然，承兵戈俶擾之後，圖書播散之餘，立國之初，幾爲一無所有。《宋會要輯稿》第五十五冊《崇儒四・求書》云：

> 四月二十一日，（紹興二年）右司員外郎劉岑言：「切惟祖宗創業之初，開三館以儲未見之書；艱難以來，兵火百變，文書之厄莫甚。今日雖三館之制俱在，而向來之書盡亡；乞詔四方求遺書，以實三館，果得異書，且應時用，則酬以厚賞。」從之。

按劉岑上此疏時，已在高宗置臨安府爲行在之時，而在紹興元年即以詔將於建炎三年權罷之秘書省，（《宋會要輯稿》第七十冊〈職官〉十八云：「紹興元年二月十九日，詔復秘書省。」）予以恢復之一年：其時雖已有搜訪圖書之舉，而四方來獻者蓋尠。《玉海》卷四十三〈紹興校御府書籍〉條下云：

> 二年四月乙亥，初命館職校御府書籍。先是秘書少監王昂言：「本省御府書籍，四百九十二種，今又有曾覿家藏書二千六百七十八卷，欲分定四庫，分官日校二十一版。」從之。

紹興二年初校御府書籍時，秘書省所儲僅此四百九十二種而已！而此書數亦在紹興二年二月得賀鑄子孫賀廩所獻藏書五千卷之後〔註3〕方得如此；由此可知方建炎、紹興高宗即位之初，秘府之藏，幾近於無。而於三、四十年之間，勠力搜訪，館閣聚書達四萬餘卷，收效斐然，誠有足多者。

而南宋之訪求圖書，尤以高宗一朝所得爲多，據《宋會要輯稿》第五十五冊〈崇儒四・求書〉及《建炎以來繫年要錄》所載，眞可謂四方紛紛來獻，館閣之儲日益充牣矣！且是時訪求所得，亦較多爲前代著作，較之爾後多以自著書上獻者，大相逕庭。故本章所述，首爲高宗一朝之搜訪圖書，再次及於孝宗以後乃至宋祚終結之前之各朝官府之尋求書籍。

第一節　高宗之訪書

高宗即位之後，雖則處兵馬惶急之餘，仍時時不忘右文之事；更兼以高宗本

〔註2〕得南（唐）西蜀，吳越等亡國之書卷帙，見《宋會要輯稿》第五十五冊〈崇儒四・求書篇〉。

〔註3〕廩獻書五千卷，其事見《建炎以來繫年要錄》、《建炎以來朝野雜記》、《宋會要輯稿》第五十五冊〈崇儒四・求書篇〉等書。

身能書善畫，好讀經史。且於宋室南遷之前，親睹汴京藏書之盛，而懲亂後書籍之散亡；故對於圖書及先賢筆跡、墨寶、書畫之訪求，可謂不遺餘力。今即將見之於《宋會要輯稿》第五十五冊〈崇儒四·求書〉篇及李心傳《建炎以來繫年要錄》、秦克《中興小紀》等書，並其他史籍所有有關訪書事實者，依其年月，臚列於後。並以《宋會要輯稿》第五十五冊〈崇儒四·求書篇〉所載者為主；而將見之其他載籍，或與其他載籍互見者，註之於備註欄下，用以明高宗一朝之訪書焉！

訪書年月	訪　書　事　實	備　註
紹興元年		
三月十八日	進士何克忠上《太祖皇帝實錄》四冊，《國朝寶訓》一十二冊，《名臣列傳》二冊，《國朝會要》三冊。	
三月二五日	柯賜上所藏道君皇帝御札，上曰：此上皇御書須藏置內閣，不當降出。	見《宋會要輯稿》，〈崇儒六·御製〉
六月十六日	故右金吾衛上將軍張掄妻鎮國夫人王氏，以家藏《六朝實錄會要》、《國史志》等書計二百二十二冊來上。	
七月二四日	處州縉雲縣若澳巡檢唐開上王珪《重修國朝會要》三百卷。	
九月十一日	進士黃朝羨上仁宗皇帝御書明堂牌碑本。	見《宋會要輯稿》，〈崇儒六·御書〉。
九月十三日	將仕郎黃濛上《太祖皇帝實錄》五十卷，《太宗皇帝實錄》八十卷，《真宗皇帝實錄》一百五十卷，《仁宗皇帝實錄》二百卷，《英宗皇帝實錄》三十卷，《天聖南郊鹵簿》一十冊〔註4〕。	

〔註4〕高宗紹興初期訪書，係以實錄、會要、國史志等有關史籍為主。即祕書省之復立，最初亦以修國史為主因。《建炎以來繫年要錄》卷四十二云：「丙戌（紹興元年二月）復祕書省，仍詔監少不並置，置丞郎著左各一員，校書郎正字各二員。范宗尹嘗因奏事言無史官誠朝廷闕典，縣是復置。」可為資證。

紹興二年		
二月二日	詔平江府守臣市賀鑄家藏書,已而,將仕郎賀廩以所藏書籍五千卷來上〔註5〕。	又見《建炎以來繫年要錄》卷五十一(以下簡稱《要錄》)。
三月四日	故太常少卿曾旼男溫夫以家藏累朝典籍二千餘卷來上〔註6〕。	
七月一日	蕪湖縣進士韋許上家藏太祖皇帝御書並書籍。	又見《要錄》卷五十六,《宋會要輯稿》,〈崇儒六・御書〉。
十一月二三日	秘書少監洪炎言福州故相余深,泉州故相趙挺之,家藏《國史實錄》、嚴州前執政薛昂收書亦廣,太平州蕪湖縣僧寄收蔡京書籍,望下逐州諭令來上,從之。	
紹興三年		
正月十二日	下詔湖州管下改執政林攄家藏道君皇帝御書,太祖以來《國史實錄》、《國朝會要》等書,及經史子集書。及開元寺藏仁宗御書一大匣,道場山天聖、報本二寺所藏祖宗御書。	
四月二一日	右司員外郎劉岑言艱難以來,文書之厄莫甚;今日雖三館之制具在,而向來之書盡亡,乞詔求四方遺書,以實三館。	又見《要錄》卷六十四。
五月一日	承奉郎林儼上家藏道君皇帝御書、御畫、御筆剳共七軸,並《祖宗實錄》、《國史會要》、《國史》等及古文文籍共二千一百二十二卷。	《要錄》卷六十五亦載此事,並言尋以儼監西京中嶽廟。
五月十三日	將仕郎謝慥上仁宗皇帝御書飛白一軸。	見《宋會要輯稿》,〈崇儒六・御書〉。
七月六日	秘書少監曾統等請向本省官洪摭取索《神宗皇帝朱墨本實錄》、《神宗、哲宗兩朝國史》、《哲宗實錄》、《國朝典章故事》文字,由官給紙剳,借本繕寫各一部。	

〔註5〕賀鑄家藏書,夙負盛名;《宋史》卷四百四十三〈文苑傳〉云:「賀鑄字方回。……家藏書萬餘卷,手自校讎,無一字誤。……」

〔註6〕曾旼亦爲北宋藏書家,清王士禎《香祖筆記》云:「宋人藏書,曾旼彥和,賀鑄方回。」

十月二十三日	知靜江府許中上《政和重修國朝會要》一部，《政和鑑定諡法》一部，《宣和重修鹵簿記》一部。	
紹興四年		
六月六日	饒州進士金覺言賷到秘要，天文，太乙遁甲兵書等，未敢投進，望付三省都堂審察。	此見《要錄》卷七十七，《宋會要輯稿崇儒四・求書》不載。
六月二十三日	起居郎常同言求將渡江來來所訪求之《典記》、《祖宗正史》、《實錄》、《寶訓》、《會要》，令史館各抄錄二本，一本進入，一本付秘書省。	
八月三日	處州進士王揚繳進太宗皇帝御書詩二軸。	見《宋會要輯稿》，〈崇儒五・御書〉。
八月九日	秦魯國太長公主上家藏仁宗皇帝在東宮時，眞宗皇帝所賜御製親書元良述一軸。	見《宋會要輯稿崇儒五・御書》。
紹興五年		
閏二月十二日	詔史館秘書省四庫書籍未備，令下諸路州縣學及民間搜訪，不以經史子集異時，仍具目錄一本送秘書省。	
三月十九日	承節郎毛剛中上仁宗皇帝康定中於觀文殿所纂《鑑古圖記》一十卷。	
五月三日	詔令取故直龍圖閣趙明誠家藏《哲宗實錄》。	
七月八日	僧寶月上《李衛公必勝集》、《兵鈐水鏡》、《武略要義》、《管子青田記》、《墨子》、《鬼谷子風雲論》、《曹武祖新書》、諸葛亮《玉局通關秘訣》、郭元振《安邊策》、《六賓集》、《平胡策論》、《天地龍虎風雲鳥水六花八陣等營圖陣圖》，凡三十六種。	又見《要錄》卷九十一。
九月四日	大理評事諸葛行仁獻《冊府元龜》等書凡一萬一千五百一十五卷〔註7〕。	

〔註 7〕諸葛家獻書始於紹興元年六月，《建炎以來繫年要錄》卷四十五言迪功郎諸葛行言獻《國朝訓典》，乞爲其兄國學免解進士行仁推恩，詔補行仁將仕郎。而諸葛行仁此次獻書，爲南宋一朝廣開求書之路以來，所得最多者。

紹興六年		
三月六日	江南西路安撫制置大使兼知洪州李綱上家藏道君皇帝御筆真跡。	見《宋會要輯稿》，〈崇儒六‧御書〉。
五月二八日	詔訪求史館所闕元祐七年十一月至二十月（疑誤倒，當作十二月）元祐八年一年全年實錄文字。	
十一月二五日	故翰林學士王洙孫男楚老上慶曆皇祐御札、手詔、飛白等。	見《宋會要輯稿》，〈崇儒六‧御書〉。
紹興九年		
二月十二日	詔紹興府天章寺祖宗御書，令守臣取進，先是建炎四年逃幸江浙，御書凡五百五十軸，悉留越州，至是駐蹕臨安，降詔取焉。	見《宋會要輯稿》，〈崇儒六‧御書〉。
四月二三日	親從額外指揮史王琪進太宗皇帝御書一百卷，仁宗皇帝御書飛白五件，衛宗皇帝御書三件，德成之宮大字牌文一本。	見《宋會要輯稿》，〈崇儒六‧御書〉。
四月二五日	平江府文江縣進士李德光上《真宗皇帝語錄》及《五帝功臣繪像圖》共二冊。	
五月四日	史館言請詔求《神宗正史》地理而下十三志及哲宗一朝紀志列傳全書。	
八月二三日	起居舍人王鈇言國朝會要經兵火之餘，所藏皆散佚，望詔令秘書省訪求善本，精加讎校。	
紹興十一年		
二月二日	詔余深被遇徽宗皇帝擢任宰輔當時所賜御筆，許令本家投進。	見《宋會要輯稿》，〈崇儒六‧御書〉。
六月二四日	詔萬安軍於蔡攸家收取徽宗皇帝御筆立皇太子詔。	見《宋會要輯稿》，〈崇儒六‧御書〉。
紹興十二年		
四月二四日	衢州學生趙參上家藏徽宗皇帝御書一紙。	見《宋會要輯稿》，〈崇儒六‧御書〉。
十月二二日	右承議郎直龍圖閣張茂上政和中徽宗皇帝御書《上清大洞真經》一部。	見《宋會要輯稿》，〈崇儒六‧御書〉。

十二月十二日	詔求福州故相余深家所藏監書。	又見《要錄》卷一百四十七。
紹興十三年		
閏四月一日	沈嘉猷獻監本《春秋三傳》。	
閏四月三日	上宣諭輔臣曰：昨日吳說上殿劄子，理會搜求書籍云湖台之間寄居士大夫家多有之，緣無立定恩賞，人家不肯將出，可檢定太宗朝搜訪遺書推賞之制，依做立定。	
閏四月十二日	詔紹興府陸宲家藏書甚多，令秘書省據現闕數，許本家投進，仍委帥臣關借謄寫繳奏〔註8〕。	又見《要錄》卷一四八。
閏四月二五日	權發遣盱眙軍向子固言比降旨命秘書省以《唐藝文志》及《崇文總目》，據所闕者榜之檢鼓院，許外路臣庶所藏上項之書投獻。尚恐遠方不知所闕名籍，難以搜訪抄錄，望下本省以《唐藝文志》及《崇文總目》，應所闕注闕字於其下，鏤版降付諸州軍照應搜訪，從之。	
七月九日	降詔云：圖書自艱難以來，散失無在，朕雖處干戈之際，不忘典籍之求；每令下於再三，十不得其四五，今幸臻休息，宜廣于搜尋，其獻書者，或寵以官，或酬以帛。	
紹興十四年		
三月二一日	詔諸軍應有刻板書籍，並用黃紙印一帙，送秘書省。	此事《宋會要》不載，見《要錄》卷一五一。
七月二九日	上諭輔臣曰：秘府書籍尚少，宜廣搜訪。	
紹興十五年		
二月十二日	兵部郎中葉廷珪言芸省書籍未富，切見閩中不經殘破之郡，士大夫藏書之家宛如平時，如興化之方，臨彰之吳，所藏尤富，悉其善本，望下逐州搜訪鈔錄。	此事《宋會要》不載，見《要錄》卷一五三。

〔註8〕此文《宋會要》「十二日」之「己」字誤爲「月」，今據《建炎以來繫年要錄》卷一四八及《宋會要》所載此文乃係置於四月及七月訪書事之間改正。又此次鈔錄陸氏家藏書，其數甚夥，據《嘉泰會稽志》言所得達一萬三千卷之多。

三月十七日	左朝奉郎知建州季德昭以家藏諸淵墨跡一軸來上。	
九月二一日	明州進士陳暘投獻書籍七百五十六卷，並是秘省合用之數。	
十月二日	普州安岳縣進士秦眞卿上家藏明皇賜近臣古文三節墨跡一軸。	
十一月三日	忠訓郎張掄投獻書籍五十一種，并係秘書省見闕數目。	又見《要錄》卷一五四。
十一月十八日	秘書省正字王儼言今訪求遺書，州縣施行未稱上旨，宜以求書政令命提舉秘書省官，以專行優加勸賞。	本條《宋會要》未載爲十一月之何日，此據《要錄》卷一五四補。
閏十一月七日	提舉秘書省秦熺言求詔訪遺書先賢墨跡圖畫，經赴秘閣者推賞，不願投者，令所在諸軍借本鈔錄。	又見《要錄》卷一五四，《中興小紀》卷三十二。
紹興十六年		
三月二二日	處州學士耿世南進徽宗皇帝御筆親帖三軸。	見《宋會要輯稿》，〈崇儒六·御書〉。
四月十四日	修武郎張燕上祖皇帝御書一卷。	見《宋會要輯稿》，〈崇儒六·御書〉。
六月五日	饒州樂平縣進士上仁宗皇帝飛白風水二字。	見《宋會要輯稿》，〈崇儒六·御書〉。
七月十八日	右朝奉大夫新知奉化縣陳泰初投進神宗皇帝，哲宗皇帝御集共一百一十八冊。因命秦熺制字賞格求書鏤版行下，如投獻到晉唐墨跡眞本者，取旨優異推恩。秘閣闕書善本及二千卷者，有官人與轉官，士人與永免文解或免解，不及二千石以上者（石字或爲卷之誤）比類增減推賞。諸路監司守臣求訪到晉唐眞跡及善本書籍，應得上件賞格者，比類推賞。	又見《要錄》卷一五五，《要錄》并云秦熺奉詔立定賞格在該月壬辰。
八月四日	詔逐路帥臣求訪遺書於西蜀，令提舉秘書省每月檢舉催促。	又見《要錄》卷一五五。
八月二九日	詔昨降指揮求訪書籍，今投獻尚少，蓋監司郡守視爲不急，可檢舉申嚴行下。	又見《中興小紀》卷三十二。

十月十二日	上諭輔臣曰：秘府求訪書籍，近日來者稍多，前日所立賞格，宜更勸誘，庶幾繼有來者。	
十月十九日	右文林郎賀廩獻碑刻二百七十三本。	
十月二五日	右迪功郎陳友迪投進書藏書籍。	
十一月二五日	提舉秘書省秦熺言眉州進士蘇藻獻《蘇元老文集》二十五冊，柳公權等書畫三軸。又彭州進士王偓獻蔡襄、米芾書、黃筌、孫知微等畫共一十五軸。	
紹興十七年		
十月二九日	宗室秉義郎不惈以家藏米芾臨王羲之〈破羌帖〉來上。	
十一月八日	右迪功郎前嚴州建德縣主簿錢雲駥家關借到闕書二千九百九十餘卷。	
紹興十八年		
二月二日	提舉秘書省秦熺言進士李傑獻李邕〈披雲帖〉。	
三月一日	提舉秘書省秦熺言左迪功郎新城司都理參軍部師心獻唐褚遂良〈臨黃經〉一軸。	
六月三十日	上諭宰執曰：秘府現求遺書古跡，四川不經兵亂，可委諸司巡訪，仍令提舉官每月趣之。	此事《宋會要輯稿》，〈崇儒四・訪書〉不載，此見《要錄》卷一五七及《中興小紀》卷三十三。
紹興二十五年		
十二月二八日	新知池州貴池縣陸允上寶藏哲宗皇帝賜故外祖翰林學士顧臨御書即事詩一軸，詔送秘閣。	
紹興二十九年		
六月十九日	處州縉雲縣進士朱逢辰，徼進仁宗皇帝御書。	

綜上列諸載籍所述，高宗一朝，雖於國祚初定之時，兵戈搶攘之際，而於搜訪遺書之事，不可謂不盡力矣！計其所得，較之北宋承平時諸皇帝之訪書，實有過之而無不及。《文獻通考》卷一百七十四〈經籍考總敘〉云：

> 高宗渡江，書籍散佚，獻書有賞，或以官。故家藏者，或命就錄，鬻者悉市之。乃詔分經史子集四庫，仍分官日校。又內降詔其略曰：「國家用武開基，右文致治，藏書之盛，視古為多。艱難以來，網羅散失，而不得其四五；令監司郡守，各諭所部，悉上送官，多者優賞。」又復置補寫所，令秘書省掌求遺書，詔定獻書賞格，至是多來獻者。

蓋經高宗一朝之勠力搜訪，乃能使秘府所藏日益充實，孝宗時命館職編《中興館閣書目》時能有四萬餘卷，超越《崇文總目》之數，誠為難能可貴。

第二節　孝宗及孝宗以後之訪書

高宗駕崩，孝宗嗣位，頗能步武高宗遺志，崇儒右文，亦時有訪書之舉。唯其時館職之工作重點乃在於圖籍之典校與各類國史之編錄〔註9〕。爾後之光宗、寧宗、理宗各朝亦然，於訪書之事，均未能若高宗時之用心。故自孝宗淳熙五年秘書監陳騤上《中興館閣書目》至寧宗嘉定十三年秘書丞張攀續修《中興館閣續書目》為止，秘府所藏止增一萬四千九百餘卷。且其中又多自行著作上獻者。故而言及孝宗及孝宗以後之訪書，實遠不及高宗一朝。今仍就諸見於載籍者，述之於後：

孝宗一朝之訪書事實，約可分三方面言之，一為一般闕書之購訪，一為編修國史所需之史料尋求，一則為歷代祖宗御製之訪尋，今分述如下：

一、一般闕書之購訪

考孝宗訪遺書見諸載籍者有二次，一為淳熙六年六月，此事見《皇宋中興兩朝聖政》及《宋會要輯稿》第五十五冊〈崇儒四·求書〉，其他如《宋史》，《文獻通考》，《玉海》諸書均不載。而《中興兩朝聖政》卷五十七所言亦甚簡略，僅云：

> 淳熙六年六月

〔註9〕據《宋史》、《皇宋中興兩朝聖政》、《建炎以來朝野雜記》、《兩朝綱目備要》諸書所載，《徽宗實錄》初成於紹興末，淳熙中增修之。《欽宗實錄》亦成於孝宗朝。《高宗實錄》修成於寧宗慶元、嘉泰間，《孝宗實錄》亦然。《光宗實錄》開修於寧宗嘉泰間；《寧宗實錄》則修於理宗紹定年間。此外寧宗時亦並修有徽宗、高宗《玉牒》、《日曆聖政會要》等書；而南宋諸帝亦皆修有前朝祖宗御集；凡此，皆館職之任。

是月求四川遺書，以其不經兵火，所藏官書最多也。

而《宋會要》則記此事較詳，《宋會要輯稿》第五十五冊〈崇儒四・求書〉云：

> 六年（淳熙）六月二十七日，吏部侍郎閻蒼舒言伏見四川州郡藏書
> 最多，皆是邊防利害、修城制度、軍器法式，專司法令不可悉數，皆三
> 館所當有。臣在蜀時，見瀘州軍器架模一書，最爲詳備。乞下秘書省錄
> 現有書目，送四川制置司參對四路州軍官書目錄，如有所關，即令本司
> 抄寫赴秘書省收藏，從之。

第二次之搜訪秘府闕書則在淳熙十三年九月，此事仍只見於《中興兩朝聖政》
及《宋會要輯稿》，並《中興館閣錄續錄》。而《中興兩朝聖政》所言仍極簡略，
卷六十三僅云：

> 淳熙十三年九月
> 是月詔求遺書。

而《宋會要輯稿》第五十五冊〈崇儒四・求書〉與《中興館閣錄續錄》卷三
所云此事特詳，今即錄《中興館閣錄續錄》之文如下：

> 淳熙十三年九月二十七日，詔秘書省將未收諸路書籍逕自關取。注
> 云：「秘書郎莫叔光言國家崇建館閣，文治最盛，太上皇帝再造區夏，紹
> 興之初已下借書及分校之令。至十三年詔求遺書，十六年又定獻書推賞
> 之格，圖籍於是備矣！然至於今又四十年，承平滋久，四方之人，益以
> 典籍爲重，凡晉紳世家所藏書本外，監司郡守，搜訪得之，往往鋟板以
> 爲官書，然所在各自板行，與秘府初不相關，則未必其書非秘府之所遺
> 者也。臣愚請乞詔諸路監司守臣，各以本路本郡書目，解發至秘書省，
> 聽本省以《中興館閣書目》點對，如見得有未收之書，即後移文本處索
> 取印本，庶廣秘府之儲，以增文治之盛。有旨令秘書省將未收書籍，逕
> 自關取。」

按：《宋會要輯稿》第五十五冊〈崇儒四・求書〉所云大抵與注文同，唯少「然
所在各自板行，與秘府初不相關，則未必其書非秘府之所遺者也。」一段。考自孝
宗淳熙四年編《中興館閣書目》至寧宗嘉定三年編《中興館閣續書目》，於短暫之三
十三年中（孝宗淳熙後十二年，光宗紹熙五年，寧宗慶元六年，嘉泰四年，開禧三
年，嘉定前三年。）能得書垂二萬卷者，當以孝宗之此二次搜訪，所得爲多。

二、有關編纂國史史料之搜訪

孝宗淳熙四年十一月起命館職編修《四朝國史》及《國朝會要》〔註10〕則有關之史料搜訪，亦爲館職搜訪之重點。《宋會要輯稿》第五十五冊〈崇儒四・求書〉云：

> 孝宗乾道七年正月十日，國史院言〔註11〕本院見編修四朝正史，合要神宗皇帝昨在京所修正史、帝紀、志傳等，并四朝聖旨，御筆及應干詔旨等文字。本院獲降到指揮許令投進。昨據資州助教楊志發徽進元祐宰臣呂大防家所藏神宗皇帝、哲宗皇帝兩朝御筆，元祐皇太后遺詔。已蒙朝廷將楊志發特補榮州文學，出官了當，委是優異。本院竊慮諸路州縣臣僚庶士之家，有收得上件四朝文字，不知楊志發推恩，因依未肯投獻。乞朝廷等降指揮下禮部，將楊發推恩事，鏤板遍下諸路州軍專委知乞多出文榜，曉諭搜訪許令投獻，優加推恩。如文字詳備者，亦乞將知通推恩施行，從之。

蓋此專爲搜訪編纂國史史料立定賞格，曉諭天下矣！同年十一月二十二日《宋會要輯稿》云：

> 中書舍人兼司修國史兼實錄院同修撰趙雄等言本院見修四朝國史，緣歲月深遠，文字散逸，首尾考證甚難，今聞右修職郎監臨安府都鹽倉李丙樂於收書，勤於考古，嘗纂丁未錄，卷帙浩瀚，起治平之末迄靖康之元其間議論更革，往往編年該載治備，乞給劄傳寫，如見得此書，果可以稽考四朝未盡事跡，……不唯有助大典，亦足爲學者之助。詔依其合用紙劄，令臨安府應付。

於此，似可見其於國史史料搜訪之勤，《宋會要輯稿》第五十五冊〈崇儒四・求書〉又云：

> 淳熙三年五月九日，禮部侍郎兼同修國史李燾言見編修正史合要名臣墓志、行狀、奏議、著述等文字。照使今詢問得吏部侍郎徐度有自著國紀一百卷。其子行簡見在湖州寄居，乞下所屬給劄抄錄，赴院以備參照，從之。

〔註10〕《宋會要輯稿》第七十冊〈職官十八・秘書省〉云：「十一月二十八日（淳熙四年），詔左正議大夫守尚書右僕射同中書門下平章事兼樞密使兼提舉修《四朝國史》，兼制國用使陳俊卿兼提舉編修《國朝會要》。」

〔註11〕南宋紹興初，實錄、國史，皆寓史館，後罷史館。遇修實錄則置實錄院，遇修國史即置國史院。而其事皆歸秘書省掌之。事見《宋會要輯稿》第七十冊〈職官十八・國史院〉及《建炎以來朝野雜記》、《玉海》等書。

其後，寧宗一朝修《高宗・孝宗實錄》，及其他諸帝之《日曆聖政會要》等，皆續有所訪。及私家撰史者，並亦勤於采綴。故南宋一朝史學特爲昌盛，良有以也。

三、歷代祖宗御製之訪尋

有宋一朝，自北宋眞宗大中祥符二年建龍圖閣以藏太宗御製御書以來，於歷朝諸帝御製均命館職編纂，建閣藏庋，如天章閣藏眞宗御集，寶文閣藏仁宗御集……之類；而自靖康亂離以來，此類圖籍亦復播亡殆盡。及高宗定位南都，廣開獻書之路，歷代祖宗御製，自在搜尋訪求之列。並於高宗紹興二十四年詔復建天章等六閣，以藏祖宗御製。孝宗即位，亦復加以搜訪，今即將見之於《宋會要輯稿》第五十六冊〈崇儒六・御書〉篇下有關尋訪祖宗御製者，條舉如下：

乾道六年

　九年二十一日

　　故少宰觀文殿學士吳敏孫楠進欽宗皇帝御書一百軸。

　十月二十二日

　　右迪功郎劉愈進欽宗皇帝御書二軸。

乾道八年

　七月十二日

　　朝請大夫毛奎孫勸進欽宗皇帝御書十軸，故端明殿學士贈少保親姪孫毛勒進欽宗皇帝御書一百軸。

乾道九年

　二月二日

　　故中書郎陳過庭孫進士述進欽宗御書十四軸，端明殿學士張深曾孫伯成進三朝御書十三軸，并續進欽宗皇帝朝旨一軸。故刑部侍郎程振孫饒州鄉貢進士邵，進靖康御筆八十八軸又宣和間爲欽宗皇帝東宮舍人日賜親書〈玉不琢不成器〉賦，〈杜甫喜雨詩〉各一軸及政和間頒降石刻御筆手詔等三冊。

淳熙十六年

　四月七日

　　故太師秦申王府進納高宗皇帝御書二軸。詔送實錄院。

孝宗以後之光宗，寧宗兩朝訪書事實，諸史籍如《宋史》、《宋會要輯稿》、《玉海》、《兩朝綱目備要》、《續資治通鑑》諸書均不載。其中光宗一朝以享祚甚短（僅

五年），自乏善可陳，而寧宗在位達三十年之久，亦竟無一語及之，甚為可異！而理宗一朝之訪書事實，亦僅見於《宋史》兩次而已，其他諸書亦不曾言及。《宋史》卷四十三〈理宗本紀第三〉云：

> 十一年六月乙巳（淳熙）
>
> 詔求遺書并山林之士有著述者，許上進秩。

而此次訪書之成效為何，諸書亦無言之以足佐證者，僅《宋史》同卷云：

> 十一年十一月己巳
>
> 詔承信郎陳思獻書籍，賜官一轉。

除此之外，自孝宗後以迄理宗之末，有關南宋一朝之訪書事實即無所見，理宗而後，度宗咸淳年間，則以元兵南下，兵戈搶攘，軍務惶急，自為無暇致力於此似為不急之務者矣！

綜上所述，知南宋一朝之訪書故實，雖則見之載籍者蓋尠，然以寧宗嘉定年間所編《中興館閣續書目》得書垂一萬五千卷；及理宗紹定辛卯年，臨安府大火，秘府所儲，幾盡付一炬，而次年（紹定五年）重建秘書省，又復大為搜訪，其所得卷帙多寡，雖史無明載，而以元兵入臨安後，即遣人括取秘書省禁書圖籍觀之〔註12〕其所得當亦不少。另《宋史・藝文志》序云：

> 蓋（按世界書局楊家駱主編《中國目錄學名著》第三輯《宋史藝文志廣編》云蓋字當作益字，形近而訛）以寧宗以後史之所未錄者倣前分經史子集四類而條列之，大凡為書九千八百十九部，十一萬九千九百七十二卷云。

則又可知理宗後以所訪求者不惟不少，且中亦有前朝所搜訪未得之書！是則孝宗以後諸帝之搜訪圖籍，其所得雖不及高宗一朝之富，其所致力亦不迨高宗一朝之勤。而究以有宋一朝，文治之盛，殆非前代可比，右文之風，彬彬然盛矣！其搜訪圖籍之勤，實仍有足多者。《文獻通考》卷一百七十四〈經籍考總敘〉云：

> 蓋自紹興至嘉定，承平百載，遺書十出八九，著書立言之士往往多充秘府。……

故其所得，雖不殊北宋一朝，而以偏安一隅，所得若此，藏書之富，無愧於前朝，蓋亦難能矣！

〔註12〕《元史》卷八〈世祖本紀〉云：「九月丙申，（至元十二年）以玉昔帖木兒為御史大夫，括江南諸郡書版及臨安秘書省《乾坤寶典》等書。」又卷九〈世祖本紀〉云：「二月。（至元十三年）丁巳，命浙東西宣慰使焦友直括宋秘書省禁書圖籍。」同卷又云：「十月丁亥（至元十三年），焦友直以臨安經籍，圖畫、陰陽秘書來上。」

第三節 訪書所遭困難及訪書得失

南宋一代之訪書事實及其訪書成果，既有如上述，計其所得不可謂之不富！然以其時私家藏書其於靖康南渡，書籍散亡之後，勤訪所得：如周密《齊東野語》所言者有石林葉氏、賀氏，多至十萬卷，齊齋倪氏，月河莫氏，竹齋沈氏、程氏、賀氏，皆各不下數萬；直齋陳氏，得五萬一千一百八十餘卷；即周密本家亦得四萬二千餘卷者；其卷帙較之秘府所存，或有過之，或可相頡頏。以一人一家之力言之，實有過於秘府者。是則宋南渡以來之圖籍搜訪工作，實仍頗不惬人意。揆其原因，蓋以南渡以來，國難方殷，外則虜釁頻仍，內以盜賊蜂起，國用度支，幾全花費於軍用之上，而朝廷施政重點，固亦以此為主；其所能致力於右文之事者，僅其餘力而已。故訪書之時未免有此三弊：（一）獻書賞格未立及獻書恩賞微薄，（二）有司奉行不力，（三）懼以藏書賈禍而不敢獻者三端，今即分述如後：

一、獻書賞格未立及獻書恩賞微薄

有宋一朝，立定獻書賞格，以求四方獻書者，始自北宋太宗太平興國九年，詔以募中外有以書來上，及三百卷者，當議甄錄酬獎，餘第卷帙之數，等級優賜，不願送官者，借其本，寫畢還之〔註13〕。唯所言恩賞格並無成法。仁宗慶曆二年更下詔秘府書籍，比之開（元）遺逸尚眾，宜加購賞，以廣獻書，中外庶士並許上館閣闕書，卷支絹一疋，五百卷與文資官；至此獻書恩賞乃有成法定數。而自是以後獻書者，絡繹不絕。及徽宗宣和四年又復申前制，且更增賞格，令州縣諭旨訪求，許士民以家藏書在所自陳；不以卷帙多募，先具篇目，申提舉秘書省，以聞聽旨遽進，可備收錄，當優與支賜，或有所秘未見之書，有足觀采，即命以官，議加崇獎，其書錄畢竟給還〔註14〕。故北宋一朝，廣開獻書之路，以其恩賞有定法且兼賞格甚厚，故所得亦多。袁耿《楓窗小牘》卷下云：

> 國朝開獻書之路，祥符中，獻書者十九人，賜出身，得書萬七百五
> 十四卷。宣和五年，三館參校榮州助教張頤所進書二百二十三卷，李東
> 一百六十二卷，皆係闕遺，乞加褒賞，頤賜進士出身，東補迪功郎。七
> 年取索到王闓、張宿等家藏書，以三館秘閣書目比對，所無者凡六百五
> 十八部，二千四百一十七卷，闓補承務郎，宿補迪功郎。

〔註13〕太宗立定求書賞格，事見《宋會要輯稿》第五十五冊〈崇儒・四求書〉、〈文獻通考・經籍考總敘〉。
〔註14〕仁宗立定獻書賞格事及徽宗宣和年間重加獻書恩賞事，見同前注引書。

所言僅其獻書補官或升秩中之一部而已，而究其所得，已如是之夥。故而可知，立定恩賞之後，自可使四方珍本秘笈，紛紛來獻！

而宋自高宗南渡之後，雖則有獻書補官升秩，或獻書賞以幣帛之事，然皆未確立賞格之標準。故於紹興初期之訪書，除得賀鑄家及曾旼、諸葛行仁、林儼等人所獻大宗圖籍，並鈔錄陸寘、余深、趙挺之諸家藏書之外，其以圖籍來獻者並不多。《宋會要輯稿》第五十五冊《求書》云：

> 紹興十三年閏四月三日上宣諭輔臣曰：「昨日吳說上殿劄子，理會求書籍云湖台之間，寄居士大夫家多有之，緣無立定恩賞，人家不肯將出，卿等可令檢會太宗朝搜訪遺書推賞之制，依倣立定。」

「緣無立定恩賞，人家不肯將出。」此實爲南渡初期，雖屢下求書之詔，而所得未多之主要原因。而高宗此詔之後秘書省並未依旨立定賞格。故同年秋七月，高宗又謂宰臣云：「昨訪遺書，今猶有未至者，朕觀本朝承五代之後，文籍散佚，太宗留意於此，又得孟昶、李煜兩處所儲益之，一時始備。南渡以來，御府所藏皆失！宜下諸路搜訪。其獻書者，或寵以官，或酬以帛，蓋教化之本，莫先於此也。」（案此事並見《宋會要輯稿》第五十五冊〈崇儒四・求書〉及《建炎以來繫年要錄》卷一百四十九。今以《會要》文繁，而《要錄》所載較爲簡當，故引《要錄》之文。）

然此次高宗再諭大臣「或寵以官，或酬以帛」以求獻書之後，有司亦未因而立定獻書賞格，以勸四方庶黎民，使以所藏來獻。直至紹興十六年七月指令提舉秘書省秦熺擬定，方始於此有成文定法焉！《宋會要輯稿》第五十五冊〈崇儒四・求書〉云：

> 十六年（紹興）七月十八日
>
> 詔明州奉化縣陳泰初投進神宗皇帝、哲宗皇帝御集共一百一十八冊，與轉一官。上因諭輔臣曰：「書籍尚未備，宜有以勸之，可令秦熺措置，立定賞格，鏤板行下。」繼而提舉秘書省比擬賞格，如投獻到晉唐墨跡眞本者，取旨優異推恩；秘閣闕書善本及二千卷者，有官人與轉官，士人與永免文解或免解；不及二千卷者，比類增減推賞。如願給者，總計工墨紙劄，優異支給。諸路監司守臣，求訪到晉唐眞跡及善本書籍，應得上件賞格者，比類推賞。其投獻到書籍，先下秘書省校對，如委是善本，方許收留。

自是以後，朝廷方有獻書恩賞賞格，而於此賞格立定之後，四方來獻者即有增加。同年十月十二日《宋會要輯稿》第五十五冊〈崇儒四・求書〉云：

上因諭輔臣曰：「秘府求訪書籍，近日來者稍多，前日所立賞格，
宜更加勸誘，庶幾繼有來者。」

賞格立定，則「近日來者稍多」矣！由此可見，賞格之未定，實爲紹興初期訪書
所遇困難之一。

　　此外，恩賞不厚，亦爲藏書家不肯投獻之因。以紹興所立之賞格與太宗時所
定賞格比較，太宗時獻書五百卷即與文資官，而紹興賞格進書及二千卷方得永免
文解或免解。而南宋之諸獻書者如賀鑄五千卷，曾敗二千餘卷，諸葛行仁二萬一
千一卷，林儼二千餘卷，均止得補將仕郎或迪功郎；較之宣和間張頤獻書二百二
十三卷，賜進士出身，王闡、張宿獻秘府闕書二千餘卷後，闡補承務郎之轉官均
有不及。故於紹興五年諸葛行仁獻書一萬一千五百卷之後，止補迪功郎，吏部即
以爲不倫。《宋會要輯稿》第五十五冊〈崇儒四·求書〉云：

七年（紹興）十一月十八日
　　李彌遜徼王問改正審量追官不當。先是，宣和間於王問取書萬卷，
補問承務郎。吏部以近有諸葛行仁進書止補迪功郎爲不倫，追問兩官。
問訴之得旨改正。上因謂宰臣曰：『搜訪書籍，自亦美事，朕遭多難，方
右武之時，故行仁之賞，不得不薄。太上皇朝，承平無事，留意墳典，
因人獻書而授一京官，亦不無過也。然既有論焉，可止鐫一官。』

是於此明言其時獻書恩賞，不迨宣和間之厚矣！而所謂未立定恩賞與賞格不厚
者，亦實爲同事異名耳。故知南渡初，獻書之路雖已廣開，而投獻者卻不甚踴躍
者，此其主因之一。

二、有司奉行不力

　　高宗南渡之初，軍務倥偬；所在諸路郡司守臣，非極力修備城池，以待金人
鐵騎之南侵；即務爲守境安民，以防盜賊滋生蔓延之計，甚者需極力治理財賦錢
糧，以供諸路大軍所需用度。即自和議成後，金人仍不時生事犯邊，故而一切右
武措施，亦不得不爲繼續維持。而於一切右文之事，或者以軍務之故，未遑顧及，
或者以此爲不急之務，不肯盡力。於朝廷所下之求書之詔，雖申之再三，亦苟且
塞責，寘之一旁，未肯眞爲此有關文治之事，盡己之力。即秘書省言之，亦時有
編制不敷實際需要，或編制內官員不足定額之情形，而此二端，亦實爲造成訪書
工作未能順利推展之主因。

　　《宋會要輯稿》第五十五冊〈崇儒四·求書〉云：

紹興十五年閏十一月七日

　　提舉秘書省秦熺奉詔下諸路搜訪遺書。……先是秘書省正字王曮言恭睹陛下比歲以來，屢下求書之令，然州縣施行未稱上旨。蓋州縣以謂文籍之事，固非刑政所急；秘書之徵，初無賞罰之權，是以得而慢之。臣以謂宜以求書之政令，命以專行，施於四方，皆知有重臣一意總轄；則一卷之書，必有受其功者。搜裒以獻，當不敢後。上諭輔臣曰：「可令秦熺專領其事，私家所收書，亦甚愛惜，宜立賞以勸之。」至是熺條具行下。（按《建炎以來繫年要錄》載王曮事在是年十一月十八日。）

　　朝廷既以專旨下諸路以求書之令，並委以專權，由提舉秘書省秦熺總領其事，而詔令雖下，事權亦得，然各處州縣仍有奉行不力者。《中興小紀》卷三十二云：

　　紹興十六年八月

　　興化進士方子寶獻所訪遺書，丙寅上曰：「昨較遺書，至今獻者尚少，蓋監司郡守視爲不急，可申嚴制。」

由此可見，雖則朝令屢申，而監司郡守視爲不急，故每「令下於再三，而十不得四五矣！」（《宋會要輯稿》第五十五冊〈求書〉篇載紹興十三年七月九日高宗詔語）

　　今即以四川一地之訪書工作爲例：

　　四川自靖康以來，以吳玠、吳璘守和尚原，據仙人關，數退胡騎，獨不被兵，故其間所有之公私藏書，幸得獨全。因而高宗既廣開獻書之路，四川一地自亦爲其搜訪工作重點之一。今即將見之於載籍者，臚列於後，以明其垂意四川一地訪書工作之勤：

　　第一次詔求四川遺書，在紹興十六年八月，時提舉秘書省秦熺方立定獻書賞格。並責令諸路監司郡守趨訪，《建炎以來繫年要錄》卷一百五十五云：

　　紹興十六年八月辛丑

　　詔訪遺書於西蜀。

第二次訪求四川遺書在紹興十八年六月，《中興小紀》卷三十三云：

　　紹興十八年六月乙卯

　　上諭宰執曰：「秘府見求遺書古跡，四川不經兵亂，可委諸司巡訪，仍令提舉官每月趨之。」

此外，孝宗朝亦有詔求四川遺書之舉，《皇宋中興兩朝聖政》卷五十七云：

　　淳熙六年六月

　　是月求四川遺書，以其不經兵火，所藏官書最多也。

倘其四川求書之詔，於令之初下，有司監守，即奉令趨力以赴，而四川一地之藏書家，亦皆紛紛有以來獻，則又何至於令下之再三？今歷高宗、孝宗兩朝，俱有詔求遺書於四川之舉，可見其時有司奉行此詔之不力！而四川以獨不被兵故，其所保存之典籍自較他處爲多。因而私家訪書亦有及之四川者，且其所得甚富。晁公武《郡齋讀書志》序云：

> ……南陽井公，天資好書，自知興元府，領四川轉運使，常以俸之半傳錄。時巴蜀獨不被兵，人間多有異本，聞之未嘗不力求，必得而後已，歷十餘年，所有甚富。既罷，載以舟，即廬山之下居焉。……

以其一人之力，於四川訪書所得即若此，益可見四川之書，確多人間異本。而官府所訪，其績效則未必如此之著，可見其時有司奉行之不力矣！

即以秘書省言之，館職之編制，亦常有不足之失！高宗始南渡，以軍事方股，即將館職減舊制之半。（《宋史高宗本紀》建炎元年秋七月乙亥詔。）其後雖復秘書省，置定員，並復詔試館職（俱在紹興元年）而館職之任，即時有關額。周必大《二老堂雜記》卷二〈館職詔試〉條云：

> 紹興乙卯，諫官何溥請館職學官，皆試而後除。學官固不容試，館職人亦以爲憚，遂礙進擬。久之，王十朋始以大魁除校書郎不試。未幾，關員寖多。遂召劉儀鳳、朱熙載，既而二人皆辭改他官。復召予以程大昌試，初欲除校書郎；或謂選人特除，止有徽宗朝李邴一二人，迺止除正字。其後，無不試者。至乾道元年，諸王宮教授黃石輪對，論東宮不宜以詩文爲學士。上大喜，擢校書郎，仍特免試，乃除著作郎。自廷魁外，不試者惟石而已。

由此可見，館職由詔試之難，乃至關員寖廣，甚或以貼職充其制：而館閣人員之不足，當亦影響及秘府之求書、校書、及編纂之事！

三、懼以藏書賈禍，而不敢投獻

紹興中自秦檜當國，即立主和議。及和議成，欲獨以爲功，乃懼人之謗己，於是令禁私史。《宋史》卷四百七十三〈秦檜傳〉云：

> 七月（紹興十五年）又對帝言私史害正道，時司馬伋遂言《涑水紀聞》非其曾祖光論著之書。其後，李光家亦舉光所藏書萬卷焚之。……

而其時，檜之意僅爲李光家也，蓋以光力排和議之非，忤檜。故李光家於同年十二月即將其家所藏書焚之矣！《建炎以來繫年要錄》卷一百五十六云：

紹興十六年十二月丁己。言者論會稽士大夫家藏野史，以謗時政。
於是李光家藏書萬餘卷，其家皆焚之。

此次禁私史之禍及圖籍者，固不止李光一家；王明清家所藏，亦同遭殃及！
王明清《揮麈後錄》卷七云：

……先人南渡後，所至窮力抄錄，亦有書幾萬卷。明清憂患之初，
年幼力弱，奉伯陽遣浙漕吳彥猷渡江，攘取大半。丁卯，會秦檜之擅國，
言者論會稽士大夫家藏野史，以謗時政。初未知爲李泰發家設也。是時，
明清從舅氏曾宏父守京口。老母懼焉，凡前人所記本朝典故與夫先人所
述史稿、雜記之類，悉付之回祿，每一思之，痛心疾首。後來明清多寓
浙西婦家，煨盡之餘，所存不多……。

以秦檜一人之禁私史而殃及圖籍者，其禍之烈如此，誠爲可嘆！

而此次之禁私史舉，雖則于表面上無法偵知其對於訪書所造成之困難。而自
此之後，私雕文字之搜集，即遭毀板或不敢投獻之禍！《建炎以來繫年要錄》卷
一百七十一云：

紹興二十三年春正月辛未

秘書省正字兼權國子司業張震言：「仰惟朝廷行寬大之政，異時士
大夫以疑似涉謗，皆以赦除。流落者得生還，除名者得仕宦，人神歡悅，
天下翕然，此治世之事也。竊見昨降指揮，取索福建四川等路私雕印文
書，赴監看詳，取之未已。恐妄以私意將近世名公文集，盡行毀板，不
問是非，玉石俱焚，眞偽兩失，不足以稱朝廷寬大本意。欲特乞降指揮，
令福建四川等路，如有私雕文字，委自所屬，依法詳定，更不須發赴國
子監及提舉秘書省。庶幾知聖朝無有所諱，天下幸甚。」

按張震此奏乃在紹興二十五年十月秦檜卒後，爲檜所竄逐者如張九成等，稍致回
官之時；否則，由禁私史而造成訪書之困難者，當與時而俱增矣！

南宋一朝之訪書事實及訪書時所遭遇之困難，既有如上述，其君臣上下，
汲汲以右文爲務，勩力於圖籍之搜訪，實有足多者。而計其所得，較之前朝，
尤無遜色。其中保存典籍，使不湮滅，而得留傳於後者，其功不可謂之不偉，
此其訪書之所得也。

然究以靖康之變，實爲圖籍之一大災厄，其中珍書異本，就此湮沒者蓋多。
雖經南宋一朝之全力搜訪，仍有不可得者矣！洪邁《容齋五筆》卷七云：

國初承五季亂離之後，所在書籍印版至少。宜其焚蕩了無孑遺。然
太平興國中，編次御覽，引用一千六百九十種，其綱目並載於首卷。而

雜耕書古詩賦，又不及具錄。以今考之，無得者十之七八矣。則是承平
百七十年，翻不弱極亂之世。姚鉉以大中祥符四年集《唐文粹》，其序有
云況今歷代墳籍，略無亡逸。觀鉉所類文集，蓋亦多不存，誠為可嘆！

　　是則南宋一朝承靖康之亂，典籍散亡，中有永不可復得者矣！故南宋一朝之
訪書，其卷帙雖多，然其中有大部為當時人之著作，《文獻通考‧經籍考》所云：
「著書立言之士又益眾，往往多充秘府。」者是矣〔註15〕！袁褧《楓窗小牘》卷
下之言南宋訪書藏書者，實更為具體言中其失，今即引之以為本章之結束焉！

　　　崇寧二年，秘閣書寫成二千八十二部，未寫者一千二百十三部，及
闕卷二百八十九，立程限繕錄。政和七年十一月十四日戊戌，校書郎孫
覿奏四庫書尚循《崇文舊目》。項訪求遺書，總目之外，凡數百家，幾萬
餘卷，請撰次增入總目，合為一卷。詔覿等撰次，名曰《秘書總目》。及
汴京不守，悉為金虜輦去，車駕渡江，詔搜江浙閩粵載籍。四庫至四萬
四千四百八十六卷，較《崇文舊目》多一萬三千八百十七卷。又思陵以
萬幾之暇，御書六經論語史記列傳，刊石立於太學。典籍之盛，無媿先
朝，第奇秘闕逸較前少損，所增多近代編述耳。

〔註15〕見《文獻通考‧經籍考總敘》。此外，《宋史‧藝文志》序云：「……大而朝廷，微
　　　而草野，其所製作講說，紀述賦詠，重成卷帙，裒而數之，有非前代之所及也」。
　　　亦言南宋藏書中近人著述之眾。

第三章　南宋館閣之藏書

第一節　各藏書處所之建置沿革及藏書概況

　　中國歷朝帝王，於朝廷內府均設有藏書之所，且為刻意經營，不獨用示右文之意，兼且以此宣示文治之盛也。而此種措置，除使首都成為知識保存中心之外，並且攸關於中國文化之存續。故於西漢則有石渠、天祿、麒麟等閣，東漢有東觀、蘭台。魏有祕書內外三閣，隋有嘉則殿、修文殿；唐制則門下省有弘文館，中書省有修文館，加以史館，號稱三館；三館之名，實昉於此。即五代兵戈俶擾，三館之制，始終未廢。宋興，除承前朝遺緒之外，於此「王者藏書之所」亦盡力經之營之，惟恐落後。故於舊制之三館，除沿襲歷朝之制外，於棟宇層梁之興建，所藏書本繕寫之精麗，更是超乎前代〔註1〕。此外，太宗太平興國四年復建太清樓於東京。真宗時，更詔三館寫四部書，以其一置太清樓〔註2〕。太宗年間，建祕閣於崇文院內，分三館書萬餘卷置其內。此外，龍圖閣亦為真宗大中祥符時所建，內藏太宗御製，並四庫群書二萬八千七百餘卷。徽宗時，更補寫三館書籍。除分藏太清樓、祕閣之外，更置其一於宣和殿以儲之〔註3〕。是則，北宋一朝之圖籍藏庋其數雖不能過于前代，或甚稍有不及；而其藏書處所之夥，則自歷代以來，未有能過之者。

〔註1〕北宋於藏書處所之增建，及職官建置，藏庋情形，見宋程俱《麟台故事》等書。周駿富老師於〈北宋館閣典校圖籍考〉一文中，考之尤詳。（文見《台灣大學文史哲學報》第二十二期，頁305～至347。）

〔註2〕見《玉海》卷五十二、卷一六四；《麟台故事》卷二；《續資治通鑑長編》卷四十四等書。

〔註3〕見《文獻通考・經籍考總敘》、《宋史・徽宗本紀》等書。

　　而自南渡以來，南宋朝廷於藏書處所之經營，雖則以國力貧乏，其數較之北宋一朝二百年承平之經營，略有不及。然于主要藏庋處所之經營，如秘書省、秘閣、及列朝祖宗藏書所在如敷文，天章諸閣等處，仍極注意；今即就南宋諸藏書處所所在，沿革，及藏庋情形，見諸載籍者，敘述如下：

一、秘書省

　　秘書之名，起自東漢，桓帝始置秘書監，掌禁中圖書秘記，謂之秘書。此後各朝，皆沿其制，有秘書省之制。惟其時秘書省僅爲一職官名銜耳，初與藏書處所無涉。故歷代諸藏書處所，或稱石渠、天祿、蘭台、東觀；或云藏於嘉則殿、修文殿、弘文館、修文館。不云有藏於秘書省，或直謂秘書省爲藏書處所者。

　　宋制亦然，秘書省之前身爲崇文院。初朱梁建都汴梁，正明中，始以右長慶門東北廬舍十數間列爲三館，湫隘卑庫，纔蔽風雨，周廬徼道出於其側，衛士驕卒，朝夕喧雜，而歷代未曾改作。宋太宗太平興國二年始爲遷建，更名崇文院〔註4〕。《宋會要輯稿》第七十冊〈職官十八〉云：

　　　　太平興國二年，太宗幸三館，顧左右曰：是豈以畜天下圖書，待天下之賢俊耶？即日詔有司度左昇龍門東北車府地爲三館，命內侍督工徒，晨夜兼作；其棟宇之制，皆帝所親授自舉，車駕凡再臨幸。三年二月丙朔，成，有司奏功畢。乃下詔曰：國家聿新崇構，大集群書，宜錫嘉名，以光策府，其三館新脩書院，宜爲崇文院。

同卷又云：

　　　　既成，盡西館之書，分爲兩廊貯焉。以東廊爲昭文書庫，南廊爲集賢書庫；西廊分經、史、子、集四部爲史館書庫，凡六庫書籍，正副本僅八萬卷。

是則崇文院爲昭文、集賢、史館之總稱。然此亦僅爲圖籍藏庋之所而已，與秘書省之爲官制者無涉。凡此，皆使館職之編校圖籍工作，至爲不便。而此種官職與藏庋不能配合之情形，太宗太平興國六年田錫即與言之云：

　　　　集賢院雖有書籍而無職官，秘書省雖有職官而無圖籍。（見《續資治通鑑長編》卷二十二。）

而北宋太宗以下諸帝，眞宗、仁宗、英宗三朝，皆莫之能改。及神宗元豐初，始

〔註4〕引《文獻通考》卷一七四〈經籍考總敍〉文。《宋會要輯稿》第七十冊〈職官十八‧秘書省篇〉，文亦大抵相同。

改以崇文院爲祕書省〔註5〕。

宋神宗元豐三年九月，改定官制，「遂廢館職〔註6〕，以崇文院爲祕書省。刊寫分貯集賢院、史館、昭文館、祕閣圖書，以祕書郎主之。編緝校定，正其脫誤，則校書郎主之。」（按此見《宋史・藝文志》，《文獻通考》卷一百七十四〈經籍考總敘〉。而《宋會要輯稿》第七十冊〈職官十八〉，《宋史》卷一百六十四〈職官四〉，《玉海》卷一六八，則皆作元豐五年，未詳孰是。）至此，祕書省始成爲既有官職，復藏圖籍之藏書處所！

及靖康亂起，高宗車駕南渡，一則以渡江以來，圖籍散亡殆盡，一則以軍事倥傯。國用大乏，且無暇及於圖籍搜訪之務。故於建炎元年詔云台省寺監繁簡，相兼學官，館職減舊制之半。（見《宋史》卷二十四，〈高宗本紀〉。）其後復於建炎三年夏四月，權罷祕書省。（見李心傳《建炎以來繫年要錄》卷二十二。《宋會要輯稿》第七十冊〈職官十八・祕書省〉。）此爲有宋一朝館閣藏書之最低潮時期。所幸，紹興初即詔復祕書省。

紹興元年，高宗詔復置祕書省。（見《宋史》卷一百六十四〈職官四〉，《中興館閣錄》卷第二。《宋會要輯稿》第七十冊〈職官十八〉，則僅云紹興初而已。）然是時，館職之編制，大爲減少，僅權以祕監或少監一員、祕書丞、著作郎、著作佐郎各一員，校書郎，正字各二員爲額，較之元豐官制行時已大爲減少〔註7〕。且是時高宗駐蹕紹興府，祕書省並無固定之藏書地點。《中興館閣錄》卷二〈省舍〉云：

> 祕書省初復，是時駐蹕紹興府，寓於火珠山巷。註云：「紹興元年
> 五月，祕書少監程俱，請以火珠山巷孫氏及呂惟明沒官二所權置局，從
> 之。見祕書省聖旨簿。」

及紹興二年，高宗復移蹕臨安府，祕書省亦隨之而遷臨安。《中興館閣錄》卷二〈省舍〉載其事，並言其省舍建制。其文云：

〔註5〕葉夢得《石林燕語》卷二云：「太宗太平興國中，更命于左昇龍門裏車蚯院地改作，置集賢書於東廡、昭文館書於西廡、史館書於南廡，賜名崇文院，猶未有祕書省也。端拱元年始分三館書萬館卷，別名祕閣，……三館與祕閣始合爲一，故謂之館閣，然皆有書庫而已，元豐官制行，遂改爲祕書省。」亦言三館有書而無館職，祕書省有官位而無圖籍。

〔註6〕館職之名本專指直院、直閣。《石林燕語》卷六云：「直館（史館、弘文館）直院（集賢院）謂之館職。」其後凡祕書省之監少、著郎、著左、校郎、校佐、正字等官，亦通稱之爲館職。

〔註7〕元豐官制，祕書省倣唐十八學士之制，置祕書監一人、少監一人、丞一人、著作郎二人、佐郎二人、祕書郎二人、正字通十二人。十八學士爲監、少，監丞在外，（見《宋會要輯稿》第七十冊〈職官十八・祕書省〉。）

紹興二年，移蹕臨安府，始寓於宋氏宅，再徙於油車巷東法惠寺。
自寺殿之後，為省中廳三間，廳後主廊一間，堂五間。廳堂兩傍，省官
分居之；其南有屋三間，秘閣三館書藏焉。東廊前為倉吏堂，吏舍次之。
省官位又次之。西廊前為吏舍，裝界作次之，廚次之，廁又次之。省東
為實錄院，其外為儀門，中門三間，廳三間，左為承受位，右為檢討位。
後主廊一間，廊後屋三間，兩傍為檢討位。後堂五間，兩傍為修撰位。
堂後有竹二十餘竿。廳東為吏舍，及主管諸司位，又東有土庫三間。

而此法惠寺之秘書省省舍，亦僅權寓之性質而已。且兼是地與居民住屋相接，
恐有風火之亂。故紹興十三年十二月秘書丞嚴抑上疏云：「本省藏祖宗國史，歷代
圖籍，舊有右文殿、秘閣、石渠及三館四庫。自渡江後，權寓法慧寺，與居民相
接，深慮風火不虞，欲望重建，仰副右文之意（見《建炎以來繫年要錄》卷一百
五十）。」高宗從其請，即於是月詔兩浙轉運司建秘書省於殿前司寨。（事見《中
興館閣錄》卷二〈省舍〉，《建炎以來朝野雜記》甲集卷二，《建炎以來繫年要錄》
卷一百五十。）紹興十四年六月二十二日新省建成。（《宋史》卷六十七，〈禮志十
七‧幸秘書省〉則云紹興十四年七月新建秘書省成。此據《中興館閣錄》卷二〈省
舍〉。）《中興館閣錄》言其建築情形如下〔註8〕：

省在清河坊糯米倉巷西，懷慶坊北，通浙坊東〔註9〕。東西三十八
步，南北二百步。大門三間七架，門東廊六間五架，門七廊十間五架，
右文殿門三間七架。東西偏門各一間，夾屋各四間，皆五架。右文殿五
間，殿前有柏十株。殿後秘閣五間高四丈，（註：太上御書金字秘閣牌，中設
御座御案，腳踏黃羅帕褥，口屏畫出水龍，閣上雕朱漆殿一座，安奉聖政會要、日曆、
御製、御札等。）閣前有拜閣台接右文殿。閣後道小堂五間九架，堂前瓦涼
棚五間，堂後軒一間。石渠在秘閣後，道山堂前，長五丈，廣一丈五尺，
跨渠石橋一。堂東二間九架監居之。堂西二間九架少監居之。東廊凡四
十二間皆七架，大監位之。東一間為光館庫，庫北壁牌十。南一間為諸
路解發，次二間秘書丞居之，又次三間館職分居之。次一間御書石刻（註：

〔註8〕南宋秘書省建築情形，亦見周密《齊東野語》卷十五〈館閣觀畫〉條，吳自牧《夢
　　　梁錄》卷九〈秘書省〉條，及明田汝成《西湖遊覽志》等書。唯所載皆不若《中興
　　　館閣錄》之詳。
〔註9〕秘書省建築位置，《建炎以來朝野雜記》、《建炎以來繫年要錄》、《夢梁錄》諸書，
　　　俱言在天井巷（坊）東，今考《咸淳臨安志》卷十九所載府城左一南廂有懷慶坊，
　　　註：秘書省相對。又同卷〈左一北廂天井坊〉下注云：「天井坊舊名通浙坊。」

門設朱漆欄、黃絹額；內藏太上御書石刻〈右文之殿〉、〈文賦〉、〈千丈養生論〉、〈登樓賦〉、〈高唐賦〉、〈神女賦〉、〈舞賦〉、〈風賦〉、〈古意〉、〈史節〉。）次三間爲古器庫（註：內設錄厨三、木架六以藏古器。）庫前夾廊一間，次三間館職分居之，次三間爲拜閣侍班之所。次一間爲圖畫（註：圖畫藏秘閣）次三間爲秘閣書庫，（註：內設錄厨八，藏秘閣書）庫前有夾廊一間，次五間爲子庫（註：內設厨七藏書），次五間爲經庫。次一間爲潛火司，次一間國史院夾門。西廊凡四十三間皆七架，少監位之。西六間爲公厨，次二間爲公使庫，庫北壁設牌十。南一間爲補寫庫，次三間秘書郎分居之，次三間館職分居之。次一間御書石刻（註：內藏太上御書、秘閣今上御書春賦，聖政序，用人論石刻）次一間爲瑞物庫，庫前夾廊一間，次二間爲秘閣書庫，（註：內設錄厨八，藏秘閣書。）次三間館職分居之。次三間爲拜閣待班之所，次三間爲印板書庫。（註：內設錄厨七，藏諸州印板書）次一間爲提舉廳夾門，門東有夾廊二間，次五間爲史庫。（註：內設錄厨七藏書）次五間爲史庫（註：內設錄厨七藏書）又二間爲碑石庫。

編修會要所在少監位之西北，一間爲攃盤司，次二間爲守闕楷書案，次二間爲供檢案，次一間爲雜務使臣案，次二間爲楷書案。又北二間爲印書作（註：太平廣記、樂府板共五千片，中興館閣錄板一百五十四片，中興書目板一千五百八十片藏焉）又東北間七架爲搜訪庫（註：舊提舉所書庫）。

國史日曆所在道山堂之東，一間爲澡圃過道，次一間爲儀鸞司，次一間爲翰林司，次四間爲修書案，中有儀門。又北二間爲國史庫（註：內藏日曆、時政記，起居注等文字）次三間著作郎分居之，次著作之庭三間七架，西三間著作佐郎分居之。庭後一間爲汗青軒。蓬巒在汗青軒後。北有酴醾架，又北有群玉亭三間，亭東有鶴砌，亭西有芸香亭一間。東逕至群玉亭西逕自松坡，穿菊徑，徑前臨池，跟池有橋亭。度橋有席珍亭三間，亭東北有橘洲，又東北有東岡，岡北有藥洞，入有採良門。洞北有過廊，又北有滌硯澗，跨澗有木橋，又北繚群玉亭。亭後又西北有泉曰濯纓，泉西有亭三間曰錦隱。西逕有射圃，入有延門，入門有亭曰繹志，又西有亭一間曰方壺。北有松坡，又西臨池，跨池有木橋一，度橋有亭三間曰含章，亭西北有蘭哇，又北有西阪。圃內有竹二畝，雜樹一百五十六。

國史院在省門內之東，大門西向，一間七架。正廳南向，三間七架，廳後過廊二間、堂三間七架。堂東四間七架，修國史，同修國史分居之。堂西四間七架，三間修國史，同修國史分居之。一間爲供檢庫，廳東西

四間皆七架，編修官分居之。廳前後皆有瓦涼棚三間，東廊十四間皆七架，一間爲檢點房，次三間爲修書房，次一間爲倉史堂，次二間爲雜務房。次二間爲裝界作，次一間爲翰林司，次一間爲什物庫，次二間爲厨，次一間爲廁。廊外有土庫三間，西廊九間皆七架。一間爲守門親事官房，次三間爲編修官位，次一間爲什物庫，次一間爲土地堂，次一間爲夾門通秘書省，次一間爲舊書庫。南廊十一間皆七架提舉諸司位，次二間爲承受諸司位，次一間爲主管諸司位，次三間爲諸司什物庫，次二間爲抄寫文字之所。

觀上所述，知南宋秘書省於棟宇之制誠備矣！而亭苑之營作，更爲精美。故紹興末，趙子直欲以爲泰安宮，會上皇不欲還，乃止。（見《建炎以來朝野雜記》甲集卷二。）

此後，秘書省續有兩次重建，一在宋寧宗嘉定六年以積久頹弊故重建，《中興館閣錄續錄》卷二〈重修三館〉條注云：

嘉定六年夏，三館以積久頹弊；蒙朝廷降錢委工部并本省長貳計置修蓋，以六月十八日興工，八年七月畢，共約費錢九萬餘貫，中外一新焉。

第二次之重建三館在宋理宗四年，三館因居民延燎而燼，故而重建。《中興館閣錄續錄》卷二〈重建三館〉條注云：

紹定四年秋，三館因居民遺漏延燎，僅存著作庭及後園。本省俱申朝延廷降錢委轉運司臨安府計置起造。以十一月十日興工，自大門至殿門，基址增高二尺，與官路平，紹定五年七月九日，秘閣上梁，秘書郎李心傳撰上梁文，……是年十月畢工，共約費三十五萬貫，中外鼎新，規模一如舊式。

按：紹定四年秋之臨安大火，南宋秘府所藏，慘遭回祿之殃者甚夥，歷代所儲，幾於一蹶不振。此當於第五章南宋末年圖籍之散佚章中詳述，故於此不爲贅言焉。

至於秘書省之藏書數量，據《中興館閣錄》所載，有四庫書經、史、子、集二萬三千五百八十三卷，六千五百十二冊，續搜訪庫經、史、子集二萬三千一百四十五卷，七千四百五十六冊，諸州印板書六千九十八卷，一千七百二十一冊。

按：《中興館閣錄》爲孝宗淳熙四年秘書監陳騤所上，故此所載止於淳熙四年以前秘府搜訪所得，其後不與焉。而孝宗淳熙四年以後以至宋末之秘書省藏書情形，則以《中興館閣續錄》及其他史志皆不載，故無得考。

二、秘閣

秘閣之名,原本亦止爲秘府藏書處所之通稱,《文選》陸機〈弔魏武帝文〉云:「元康八年,機始以台郎出補著作郎,遊乎秘閣,而見魏武帝遺令。」是秘閣之名其來久矣!及太宗端拱元年五月乃詔置秘閣於崇文院。宋程俱《麟台故事》卷四云:

> 端拱元年五月辛酉,詔置秘閣於崇文院中堂。

按此事並見於《宋史‧太宗本紀》、《玉海》卷一六三〈秘閣〉條、《續資治通鑑長編》卷二十九等書。而《宋會要輯稿》第七十冊〈職官〉十八;《宋史》卷一百十七〈職官〉則僅云:「端拱元年五月。」《文獻通考》卷五十六〈職官〉十,及卷一七四〈經籍考總敘〉,所載更略,僅言爲「端拱初」而已。

而秘閣之設置,最初僅爲於三館之外,另置一藏書處所以供御覽而已。《玉海》卷一百六十三云:

> 按六典秘書省中外三閣,掌書籍古今文字,皆在禁中,西漢或徙金馬門外,歷代不常闕處,唐季亂罹,百王之書蕩然散失,蘭台、延閣,空存名號。上崇尚儒術,屢下詔求群書,四方文籍往往而出,未數年間,充牣書府。至是乃於史館建秘閣,仍選三館書萬餘卷,以實其中,故以至(李至)主之。

是則秘閣之所藏圖書,本僅自三館分出,以備御覽而已。然日後續爲擴充,《玉海》卷一六三云:

> 國初書止萬二千卷,秘閣之建,圖籍大備。至仁宗時三萬六千二百卷。

已成爲北宋館閣藏書處所中重要之一環。

而亦因秘閣之藏庋日益擴充,故原設於崇文院中堂之秘閣藏書處所,已不敷應用。故太宗於秘閣成立之四年後即有增修之舉;《玉海》卷一百六十三云:

> 淳化三年五月甲寅,詔增修秘閣。先是度崇文院之中堂爲秘閣址,而層宇未立,書籍止扃偏廳廡內,至是始命修之。八月壬戌朔,閣成。上作新秘閣贊,以賜近臣。宰相李昉等請立石閣下,李至上表引蘇易簡乞上飛白書玉堂之署爲此,願賜新額,以光秘府。

按:此事亦見《宋會要輯稿》第七十冊〈職官十八‧秘閣〉,《麟台故事》卷四。此後圖籍仍日益增多,故宋眞宗時又有增益。《玉海》卷一百六十五云:

> 謝綘言:太宗肇修三館,更立秘閣于昇龍門左。景德中圖書浸廣,益以內帑西庫。

唯《玉海》此條不著其年月,《麟台故事》卷一云:

> 景德四年五月詔分內藏西庫地,以廣秘閣。

《宋會要輯稿》第七十冊〈職官十八・秘閣〉所載與此同，並云：

時購書籍，眞宗以其地迫隘故也。

眞宗大中祥符八年四月壬申夜，榮王儼宮火，延燔左承天祥符門，內藏庫，朝天殿，乾元門，崇文院、秘閣天書法物……〔註10〕。崇文院，秘閣所藏，俱付一炬。故而暫移寓右掖門外，借太清樓本補繕，謂之崇文外院。九年冬新作崇文院，館閣復而外院復廢。至徽宗即位二年，重修秘閣，崇寧二年成之〔註11〕。

高宗南渡，於紹興初復秘書省。十三年復建秘書省，復置秘閣於其中。（其房舍營造情形，及層宇規模，俱已見前秘書省所引中興館閣錄之文，此處從略。）宋理宗紹定四年行都大火，秘書省秘閣又爲火焚，紹定五年又重建之，此秘閣建置之沿革大略也。

秘閣所藏，在北宋一朝除四庫圖書之外，亦藏御製詩文，奇書古畫，先賢墨跡，以及天文，方技等書。《文獻通考》〈經籍考・總敘〉云：

淳化二年五月，以史館所藏天文、曆算、陰陽、術數、兵法之書凡

五千十二卷；天文圖畫一百十四卷，悉付秘閣。

《麟台故事》卷四則於此之外，更說明秘閣中所藏先賢墨跡，圖畫之藏庋情形，其文云：

……至是乃建秘閣，仍選三館書萬餘卷以實其中，及內出古畫墨跡藏其中。凡史館先貯天文、占候、讖緯、方術書五千十二卷，圖書百十四軸盡付秘閣。有晉王羲之、獻之、庾亮、蕭子雲、唐太宗、明皇、顏眞卿、歐陽詢、柳公權、懷素、懷仁墨跡。顧愷之畫維摩詰像、韓幹馬、薛稷鶴，戴松牛；及近代東丹王李贊華千角鹿，四川黃筌白兔，亦一時之妙也。

南渡之後秘閣所儲，則除北宋所藏諸項外，（唯似並不以天文、占候、陰陽、數術諸書專藏於秘閣。）更增入日曆、聖政、會要等史籍〔註12〕，及碑刻。《中興館閣錄》載秘閣所儲云：

秘閣諸庫書目：

秘閣御札六百七軸，三十五冊五道。

太上皇聖政六十一冊，日曆一千二冊。（註：並藏閣上）

〔註10〕榮王儼宮火，延燎及三館秘閣，事見《宋史》卷六十三〈五行志〉。

〔註11〕徽宗重修秘閣，事見《宋會要輯稿》第七十冊〈職官十八・秘閣〉。

〔註12〕《中興館閣錄》卷三云：「實錄奉安於天章、敷文閣、日曆、聖政、會要則奉安於秘閣。」

經史子集四類一萬三千五百六卷，三千九百五十八冊。（註：分兩庫，在東
西廊，舊制秘閣書用藥黃紙欄界書寫，用黃綾一樣裝背。碧綾面簽，黃絹垂簽，編排成
秩、及用黃羅夾複，檀香字號牌子，入櫃安頓。）

御前書經史子集四類二千五百二卷，六百十四冊（註：附秘閣東西庫。）

御容四百六十七軸。

圖畫：

御畫十四軸一冊、人物百七十三軸一冊、鬼神二百一軸、畜獸百十八軸、
山水窠石百四十四軸、花竹翎毛二百五十軸、屋木千一軸。

名賢墨跡一百二十六軸一冊。

古器四百十八、硯七十五、琴七。

碑刻：

太上皇帝御書右文之殿，（一座）秘閣，（一座）〈琴賦〉（六段）〈文賦〉
（九段）〈千文〉（三段）〈神女賦〉（四段）〈舞賦〉（三段）〈古意〉（三
段）〈史節〉（二段）〈養生賦〉（二段）〈登樓賦〉（二段）〈高唐賦〉（三
段，以上在秘閣東廡）〈史集帖〉（八段）〈樂毅論〉（一段）〈五色章〉（一
段）〈跋四生圖〉（一段）〈錦里詩〉（一段）〈今上皇帝御書光堯壽聖太上
皇帝聖政序〉（一座）〈用人論〉（一座）〈春賦〉（一座，以上皆在秘閣西
廡。）

　　而以上所載，僅南宋一朝秘閣所藏至孝宗淳熙四年編纂《中興館閣錄》時而
已。及寧宗嘉定三年修《中興館閣錄續錄》時及其後諸帝所補充擴張者，秘府藏
庋，又有所增益，《中興館閣錄續錄》卷三載其收藏如下：

　　　　《孝宗皇帝會要》三百六十八冊，又《總會要》二百冊，《日曆》
二千冊，《聖政》五十冊。

　　《光宗皇帝會要》一百冊，《加曆》三百冊，《聖政》三十冊。

　　《今上皇帝會要》一百十五冊，《日曆》五百十冊。

　　教主御容一軸（嘉定元年二月朝廷降付，藏於閣上）。

　　名賢墨跡八十九軸（朝廷續行降付……）。

　　古器四十（朝廷續行降付……）。

　　圖畫一百八十七軸（朝近續行降付……）〔註13〕。

〔註13〕名賢墨跡、古器、圖畫，此三項藏庋《中興館閣錄》於條下註皆先云朝廷續降付，
　　　　今併以前錄所載若干，附錄名數於此，下即載其詳目。而以其目至繁，今從略。

山水圖二。

皇朝祖宗御書法帖（十卷，五十六段）。

太宗皇帝御書飛白秘閣字一，御製御書秘閣贊序一。

高宗皇帝〈草聖歌詩〉募刻漆屏二。

德壽慈福兩宮御書〈觀音經〉共八段。

孝宗皇帝御書秋日〈幸秘書省詩〉一，〈很石銘〉一。

光宗皇帝御書〈壽皇聖帝聖政序〉一（以上皆在秘閣西廡，榜曰御書石刻）。

今上皇帝御書〈聖安壽仁太上皇帝聖政序〉（設秘閣下）。

淳熙秘閣緒法帖（十卷七十三段……）。

群玉堂法帖（十卷共一百四十一段……）。

王獻之〈保母志〉，韓魏公帖。

太祖皇帝御容一軸（嘉定八年三月，朝廷降付，安奉於秘閣）。

續藏古器（嘉定六年閏九月，朝廷降付）

以上所載，為南宋秘閣之收藏情形，其中書籍之收藏，誠有不如北宋者，而於書畫之訪求，則不下於宣、政。蓋以高宗本身：

> 妙悟八法，留神古雅，當干戈俶擾之際，訪求法書名畫，不遺餘力，清閒之燕，展玩摹搨不少，蓋容好之篤，不憚勞費。故四方爭以奉上。
> 後又於権場購北方遺失之物，故紹興內府所藏，不減宣政〔註14〕。

而後起諸帝，亦能承志搜訪，致能若此之富。周密《齊東野語》卷十五〈館閣觀畫〉條言所見秘閣藏書畫云：

> 乙亥歲秋，監丞黃汝濟以蓬省句點，邀予皆行，予於是俱衣冠，望拜右文殿，然後遊道山堂。……最後步石渠，登秘閣。兩旁皆列龕藏先朝會要及御書畫，別有朱漆巨匣五十餘，皆古今法書名畫也。畫皆以鷟鵲綾象軸為飾，有御題者則加以金花綾。每卷表裏皆有尚書省印防。……其佳者有董源畫〈孔子笑魚丘子圖〉，唐摹顧愷之〈洗經圖〉，此二圖絕高古。李成〈重巒寒溜〉，孫太古〈誌公〉、展子虔〈伏生〉、〈無呂人〉、〈三天女〉亦古妙。燕文貴紙山水小巷極精，士雷小景、符道隱山水、關同山水、胡環馬、陳晦柏、文與可古木便面亦奇，……暇日想像書之，以為平生清賞之冠也。

〔註14〕見周密《齊東野語》卷六〈紹興御府書畫式〉條。

周氏以觀秘閣所藏，以爲平生清賞之冠，則南宋秘閣所藏書畫，誠有足述者矣！

三、龍圖閣、天章閣、寶文閣、顯謨閣、徽猷閣

宋制於列朝祖宗御集、御書皆特爲建閣藏庋。葉夢得《石林燕語》卷六云：「祥符中，始建龍圖閣以藏太宗御集；天禧初，因建天章、壽昌兩閣于後，而以天章閣藏御集，虛壽昌閣未用。慶曆初改壽昌爲寶文，仁宗亦以藏御集；二閣皆二帝時所自命也。神宗顯謨閣、哲宗徽猷閣，皆後追建之。唯太祖，太宗不爲閣。」此則北宋諸帝御製，建閣藏庋之大略。

而其中龍圖、天章二閣，除爲供奉太宗、眞宗御集之外，龍圖閣並爲北宋主要藏書處所之一。據《玉海》所載，其下並置有六閣，分藏經、史、子、集、天文、圖畫。《玉海》卷五十二云其所藏書卷帙，計經典總三千三百四十一卷，史傳總七千二百五十八卷，子書總八千四百八十九卷，文集總七千一百八卷，天文總二千五百六十一卷，圖畫總七百一卷冊，又古賢墨跡總二百六十六卷。且龍圖閣所藏，「屢經校讎，最爲精詳〔註15〕。」

天章閣亦除供奉眞宗御集之外，亦供奉列聖御容。《咸淳臨安志》卷二云：「……惟天章閣自東京時以奉列聖御容，中興以來，駕所幸處，入擇地安奉，恭稱天章閣神御。」是於高宗中興以來，及新閣建成之前，天章閣僅爲官制名，而非實有其閣矣！

以上諸閣，於高宗南渡之後，亦以兵馬倥傯，未遑制作。及高宗紹興二十四年九月始詔建天章等六閣〔註16〕。恢復舊制。

唯上列諸閣雖云爲詔建，而其實止爲天章一閣而已，而其他諸閣，僅爲建立職制，並未實際建閣。《建炎以來朝野雜記續集》卷三云：

> 今南北內，本杭州治也，紹興初創爲之。休兵後，始作崇政、垂拱二殿；久之又作天章等六閣。（註：龍圖以下諸閣，承平之時，並建於大內之西，今此但爲一閣耳。）

言龍圖以下諸閣，於北宋承平之時，建於大內之西。及南渡後，祇建天章一閣，供奉列聖御容，而其他北宋諸帝御製，亦在其中。《咸淳臨安志》卷二云：

> 謹按祖宗諸閣，皆以藏御製，御書圖籍寶瑞等，惟天章閣自東京時，

〔註15〕語見《玉海》卷五十二。
〔註16〕天章諸閣建置年月，《建炎以來繫年要錄》卷一六七作九月，《咸淳臨安志》則稱十一月始討論制度，重建天章一閣。今從《要錄》。

以奉列聖御容。中興以來，駕所幸處，必擇地安奉，恭稱曰天章神御。

紹興二十四年十一月，始討論制度，重建天章一閣，而諸閣所藏，皆在其中，……。

是言紹興二十四年止建天章一閣而已，《建炎以來繫年要錄》所云紹興二十四年九月乙亥詔建天章等六閣者（見《要錄》卷一六七），當僅為建置名號而已〔註17〕。

此其後，南宋諸帝，於前朝帝王之御製，亦皆有建閣藏庋之舉，今即列述其閣名，及建置情形如下：

四、敷文閣

敷文閣為藏徽宗御製之處所，其建置年月為高宗紹興十年五月，（見《宋史‧高宗本紀》，《宋會要輯稿》第六十四冊〈職官〉七，《文獻通考》卷五十四〈職官〉八，《建炎以來繫年要錄》，《宋史》卷一百六十三〈職官〉二，所載並同，唯《咸淳臨安志》作十五年，誤。）

而《玉海》卷一六三言徽宗御集之編纂情形為：

十年建閣藏徽宗聖製。五月十一日甲申，詔以敷文為名，置學士、直學士、侍制、直閣。二十四年九月己巳，御書成，凡一百卷。

然在紹興二十四年九月己巳，上徽宗御書時，敷文閣亦僅為空名而已，未有實閣。《建炎以來繫年要錄》卷一六七云：

己巳（紹興二十四年九月，）太師尚書左僕射提舉實錄院秦檜等進呈徽宗皇帝御集，少保觀文殿大學士秦熺為禮儀使，上特御垂拱殿，再拜受書。實錄院修撰秦塤陞殿，進讀詩五章，禮畢乃退，集凡百卷，上自序之，權奉安於天章閣。

可見於時，敷文閣尚未營建。

敷文閣除藏徽宗御集之外，亦和天章閣並藏秘書省實錄院所修各朝實錄，《中興館閣錄》卷三云：

〔註17〕《建炎以來繫年要錄》云：「今此但為一閣耳。」之意，或為實建有其閣，而虛而未用，如真宗天禧時間建壽昌閣例。周密《武林舊事》卷四云都城有閣十二，龍圖諸閣俱在其中，《乾道臨安志》亦言龍圖、天章、寶文、顯謨、徽猷、敷文諸閣在和寧門裏。然《宋史》卷八十五〈地理一〉又云諸閣實天章一閣。年代邈遠，史料又缺，殊不可考，然意仍以只建一閣為是。《齊東野語》、《乾道臨安志》所載，亦當僅言其建置中有此閣而已。

實錄奉安於天章、敷文閣；日曆、聖政會要，則奉安於秘閣。

五、煥章閣

煥章閣係藏高宗皇帝御製，興建於孝宗淳熙年間，《玉海》卷一百六十三云：

十五年十一月九日（淳熙），建閣藏高宗聖製。詔曰：「載稽帝世之隆，無若堯章之煥。揭名層宇，列職清箱《咸淳臨安志》作廟。置學士、直學士、侍制、直閣。

其建置年月，《文獻通考》卷五十四，《宋史·孝宗本紀》，《宋史》卷一六三〈職官〉二，所言並同，唯《咸淳臨安志》作十五年十月，並載孝宗詔之全文，《玉海》則僅為節錄而已。

六、華文閣

宋寧宗慶元二年置，用以藏孝宗御集。《玉海》卷一百六十三云：

二年（慶元），建閣藏孝宗聖製，詔曰：「華協堯章之煥，文光舜哲之明；恭以華文為名，置學士、直學士、侍制、直閣，太微三光之庭，上帝群玉之府。

按《文獻通考》卷五十四，《宋史·寧宗本紀》，《宋史》卷一六三〈職官〉二，《咸淳臨安志》所云並同。

七、寶謨閣

寶謨閣藏光宗御集，建於寧宗嘉泰年間，《兩朝綱目備要》卷七云：

癸未（寧宗嘉泰二年八月）建寶謨閣，藏光宗御集。

《玉海》卷一百六十八載寧宗詔曰：

安列義圖之秘，謨新禹命之承，冠以美名，揭于層宇。置學士、直學士、侍制、直閣。

按寶謨閣之建置日期，《宋史·寧宗本紀》，《兩朝綱目備要》俱作八月；而《玉海》、《咸淳臨安志》，則作十一月；意為八月詔建，十一月閣成，乃降詔命名。

八、寶章閣

寶章閣藏寧宗御書，御製。宋理宗寶慶二年十月置，《宋史》卷四十一〈理宗

本紀〉云：

> 二年（寶慶）十月甲申，詔寧宗御集閣，以寶章爲名，仍置學士、
> 侍制員。

此事又見《文獻通考》卷五十四〈職官〉二，《宋史》卷一百六十三〈職官〉
二，《咸淳臨安志》等書；《咸淳臨安志》並載理宗之詔文。

九、顯文閣

藏理宗皇帝御製，建於度宗咸淳年間，《宋史》卷四十六〈度宗本紀〉云：

> 六月乙酉（咸淳元年），名理宗御製之閣曰顯文，置學士、直學士、
> 侍制、直閣等官。

《咸淳臨安志》亦載此事，並度宗詔文。

以上諸閣，俱爲藏列朝皇帝御製之所，其建築地點，據吳自牧《夢梁錄》所
載云：

> 大內正門曰麗正門，其門有三，麗正門正銜即大慶殿，……內後門
> 曰和寧，在孝仁登平坊巷之中，亦列三門。……內城有內門曰東華，守禁
> 尤嚴，城內門向南皆殿司中軍，將辛立寨護衛，名之中軍聖下寨。寨門外
> 左右俱作護龍水池，沿寨向南有便門，謂之東便門。禁庭十殿更有十曰延
> 和，曰崇政……更有天章諸閣，奉藝祖至理廟神御，御書圖製之籍。

十、損齋

損齋爲高宗皇帝所建，貯經史書爲皇帝公餘燕作讀書之所，《宋史》卷八十五
〈地理一·京城〉云：

> 損齋：紹興末建，貯經史書，爲燕作之所。

《咸淳臨安志》言其建置情形云：

> 紹興二十八年十一月，內出御製親札損齋記石本賜群臣，諭宰執
> 曰：「朕宮中嘗闢一室名曰損齋，屏去聲色好玩，置經史古書其中，朝夕
> 燕坐。亦嘗作記以自警，記曰：（下略）。

按皇帝聽政之暇，特爲建藏書處所，以資游覽，在北宋已有清心殿、崇和殿、
玉宸殿等處，南宋一朝，則僅高宗建損齋而已。

十一、太學

南宋太學之主要藏書爲累朝御製、御札、及高宗皇帝御書石經。其藏庋地點爲首善閣、光堯石經之閣及崇化堂三處。

首善閣及崇化堂藏累朝御製、御札、御書石刻。《咸淳臨安志》卷十一云：

> 太學：在前洋街，理宗皇帝御書二字爲扁。紹興十三年，詔禮部討論太學養士法，仍令臨安府權於府學措置增廣。……十三年六月，臨安守臣王㬇即岳飛宅建學成。首善閣：高宗皇帝御書三扁，各有石刻。又有累朝御製，御札，並置閣下。崇化堂：理宗皇帝御書扁，堂上有御札，御製石刻，景定元年更學令。

高宗皇帝御書石經藏於光堯石經之閣。《玉海》卷四十三〈紹興御書石經〉條下云：

> 十三年二月（紹興），内出御書左氏春秋，及史記列傳，宣示館職，少監以下作詩以進。六月内出御書周易，九月四日，上諭輔臣曰：『學寫字不如便寫經書，不惟可以學字，又得經書不忘。』既而尚書委知臨安府刊石，頒諸州學。十四年正月出御書尚書，十月出御書毛詩。十六月五月，又出御書春秋左傳。皆就本省宣示館職，作詩以進。上又書論語孟子，皆刊石立於太學首善閣，及大成殿後三禮堂之欄廡。

此則高宗御書諸經頒示之大要，及孝宗淳熙四年二月命知臨安府趙磻老於太學建閣藏之。《玉海》同卷又云：

> 淳熙四年二月十九日，詔知臨安府趙磻老於太學建閣奉安石經，寘碑石於閣下，墨本於閣上，以光堯石經之閣爲名，朕當親寫。參政茂良等言：自昔帝王，未有親書經傳至數千言者，（《宋會要輯稿》第五十六冊〈崇儒六〉御製作數千萬言，當是《玉海》脱一萬字。）不惟宸章奎畫，炤耀萬世，崇儒重道至矣！上曰：太上字畫天縱，冠絕古今。五月，磻老奏閣將就緒，其石經易、詩、書、左氏春秋傳、論語、孟子外，尚有御書禮記、中庸、大學、學記、儒行、經解五篇，不在石經之數，今搜訪舊本，重行摹勒，以補禮經之闕，從之。六月十三日，御書光堯御書石經之閣牌，賜國子監。

按此事又見《皇宋中興兩朝聖政》卷五十五，《咸淳臨安志》卷十一，《宋會要輯稿》第五十六冊〈崇儒六〉等。而以《玉海》所載爲詳而有要，故今錄其文。

十二、國子監

國子監藏書以其所刊監本書籍爲主，並設有書版庫藏書版，《建炎以來朝野雜記》甲集卷四云：

> 監本書籍者，紹興末年所刊也。國家艱難以來，固未暇及。九年九月張彥實侍制爲尙書郎，始請下諸道州學，取舊監本書籍鏤版頒行，從之。然所取諸書多殘缺，故胄監刊六經無禮記，三史無漢唐。二十一年五月，輔臣復以爲言，上謂秦益公曰：『監中其他闕書亦令次第鏤版，雖重有所費，蓋不惜也。』繇是經籍復全。先是，王瞻叔爲學官，嘗請摹印詩經義疏，及經典釋文，許州縣以瞻學，或省係錢，各市一本，置之於學上，許之。今士大夫仕於朝者，率費紙墨錢千餘緡而得書於監云。

此爲監本書籍刊刻之大要，至其藏書及書板處所，吳自牧《夢梁錄》卷十五云：

> 國子監在紀家橋太學之側，……監廳繪魯國圖，東西爲丞簿位，後有書庫，官位中爲堂，繪三禮圖於壁，用至道故事，有圓亭，扁曰芳潤，丞錢聞書扁以隸，古書板庫在中門內。

第二節　南宋館閣藏書之檢討

南宋之藏書處所，雖則如前節所述，達十二處之多，而其中眞正可稱之爲儲藏四庫書者，僅秘書省及秘閣二處而已。較之北宋有三閣，龍圖閣、太清樓、宣和殿、秘閣等處，皆儲藏四庫書者，於規模上，已大有不如。更兼以進書時乏於抉擇，校理又復不精，而於圖籍書畫之典藏保存，更復不善，故闕書亦多，凡此皆南宋館閣藏書之闕失也。今述之如下：

一、進書乏於抉擇

南宋館閣之圖籍典藏，因有司之奉行不力而影響於書籍之搜訪者，已如第二章所述，而館職之素質不高及不能專力務職，亦影響及館閣之進書與校理。岳珂《桯史》卷十二云：

> 孝宗在位久，益明習國家事。……淳熙六年，鄭少融丙初拜西掖首疏官賞濫，力指時政之失，……館閣進書雜流……。

「館職進書雜流」一語，似指館職進書時，失於別白抉擇；然以館閣言之，

典藏圖書，本不當拘於書籍之性質，不論其爲小說異書，甚或語及怪誕，而作爲當進書或不當進書之標準，故於此似乎無可厚非。然以南宋館閣之典藏者，往往多非善本，失於讎校。又以獻書升秩之路開，當代之士，凡有著作上獻者，即得升秩或賜幣帛〔註18〕，著書立言之士，紛紛來上。因之南宋館閣所藏，誠有如袁褧《楓窗小牘》卷下所言：

> 第奇秘闕逸，較前少損，所增多近代編述耳。

而此近代編述之書紛紛來上，館職自無暇一一讎校檢閱。故而「館閣進書雜流」一語，當可做此二者釋之，言其進書之缺於抉擇也。

即以秘閣所藏書畫爲例，秘閣所藏，其卷軸冊數，誠有不減於宣、政者。而其中善本精品卻尠。周密《齊東野語》卷六〈紹興御府書畫式〉條云：

> ……紹興內府所藏，不減宣，政。惜乎鑒定諸人，如曹勛、宋貺、龍大淵、張掄、鄭藻、平協、劉炎、黃冕、魏茂實、任原輩，人品不高，目力苦短，凡經前輩品題者，盡皆拆去。故今秘府所藏，多無題識，其源委受歲月考訂，邈不可求爲恨耳。

鑒訂諸人之人品不高，目力苦短，故而秘閣所藏，率多庸品。周密《齊東野語》卷十五〈館閣觀畫〉條又云：

> 防閑雖嚴，往往以僞易眞，其佳者有董源畫孔子笑魚丘子圖，……
> 陳晦柏、文與可古木便面亦奇，餘悉常品，不滿十焉！

由此可見，館閣之進圖籍及書畫時，乏於抉擇，爲南宋藏書之一失也。

二、校理不精

北宋之藏書，皆經館職詳加校讎後，再倩人書寫，故而太清樓、龍圖閣藏，皆以校讎精詳得名，南宋館閣書

> 則甚簡略，多猶是民間所上本，不曾再行繕寫〔註19〕。

故其校讎，自亦不甚精當。

《中興館閣錄續錄》卷四云：

> 秘書少監陳騤等言：中興以來，館閣藏書，前後搜訪，部帙漸廣，循習之久，未曾類次書目，致有殘缺重複，多所訛舛，乞依《崇文總目》，

〔註18〕《宋會要輯稿》第五十五冊〈崇儒五〉「獻書升秩」中所載高、孝兩朝之獻書升秩者極多，二朝所得，幾可與北宋一代所得相等，可見其數之夥。
〔註19〕語見高似孫《緯略》卷七三〈本書〉條。

就令館職編纂。……

蓋書目之編纂，乃為董理館閣之藏書而作。故於書目撰成之後，館閣藏書，當較為精善。而書目中之考究疏證之語，其精當與否，與藏書之精善齊全或疏略殘缺，有極密切之關係，而《中興館閣書目》編成之後，陳振孫《直齋書錄解題》之批評為：

其間考究疏謬，蓋不免焉。（見《解題》卷八。）

而其後寧宗嘉定十三年，秘書丞張攀上《中興館閣續書目》時，其疏略更夥，陳振孫《直齋書錄解題》卷八，詆之尤甚，其言云：

館閣續書目三十卷，秘書丞吳郡張攀從龍等撰，嘉定十三年上。以淳熙後所得書籍，纂續前錄。草率尤甚……。

凡此，皆可知校理之不精，亦為南宋館閣藏書之闕失矣！

三、管理不善，書多亡失

館閣藏書，本為國家保存文化之重心。故其所典藏圖籍書畫，自當更為妥善謹慎保管，甚者不當往外關借，以防遺失。故高宗紹興二十七年十一月二十日即下詔云：

秘書省書籍，除本省官關請就省校勘外，依舊制並不許諸處借出，長貳常切覺察〔註20〕。

然令下既久，遂因循苟且，形同具文，館閣圖書因之而散失者甚夥。秘閣所藏圖畫書軸，依周密《齊東野語》卷十五言其「每卷表裡皆有尚書省印防。」其防範不可謂之不嚴，而「防閑雖嚴，而往往以偽易真，殊不可曉。」秘府所藏書，更有遠攜國外，或市之坊間者，其管理可謂不謹之甚矣！故《中興館閣續錄》卷三又載理宗紹定元年三月下詔重申嚴制云：

詔秘書省書籍，非係省官，毋得借書。許從監少置簿，有欲關文籍為檢閱校正等用，即先批簿，以憑請取，俟還本庫，隨與點收。或借出已久，亦需檢舉，以察隱遺。

是則由防閑不嚴，書籍遭借出而遺失者甚多，《中興館閣續錄》卷三此文後注引秘書監葉禾言因此而致圖籍散失之情形云：

……至經籍墨跡圖器，儲藏惟謹，居其職者，亦當隨事加飭，以稱崇嚴邃閣之意。曩者，監臣有請嚴借書之禁，以防篇帙之散失；詳印記

〔註20〕語見《中興館閣錄》卷三引《中興會要》。

之文，以爲圖書之辨證；模式樣於冊，以虞器物之換易，條束俱存，以爲永便。然人情積玩，欺僞易生。自非明示檢防，以時稽察，則前日之所申（明）殆爲具文。近之士夫，至有攜出館書，攜而去國者，是久假不歸，惡知其非有也。有人所未見之書，私即其本，刊售於外者，是以秘府之文，爲市井貨鬻之利也。臣奉職之初，肅恭點閣及諸庫，檢視類皆因循弛慢，蕩無織鐺，而啓閉出入，一付吏手，展轉不革。弊將滋甚，豈不重爲文物之蠹乎？……。

館閣之防閑不嚴，以致遭書籍散失者如是！

　　綜上所述，南宋館閣藏書之失爲僅置一本，故散失後無從補闕；進書失於抉擇，校理不善，及防閑不嚴，致遭散失。凡此，皆南宋藏書不逮北宋者，高似孫《緯略》卷七三〈本書〉條云：

　　　　《柳氏家訓》曰：「余家昇平里西堂藏書，經史子集皆有三本，一本紙墨籤卷葦麗者鎮庫，一本次者供覽，又一本次者後生子第爲業。」祖宗時，内則太清樓藏書，龍圖閣藏書，玉宸殿藏書；外則三館秘閣凡四處藏書。如咸平八年榮王宮火，師及三館，於是出禁中本付館閣傳寫，則書本豈可無其副。其後官書往往侵竊，士大夫家得之。嘉祐中置編校官八員，雜讎四部書，給吏百人，悉以黃紙爲大冊書之，自此私家不敢輒藏。……中興館閣書殊爲簡略，余在館時，日以校對，猶是郡國民間所上本，不曾再行繕書。又止有一本一篇，借出竟成失落，故闕書亦多。又秘閣所藏畫亦無畫目，眞膺無辨，殊闕典也。承平時士大夫家藏書如常山宋氏、南都戚氏、歷陽沈氏、廬山李氏、九江陳氏、鄱陽吳氏；中興初，如三山余氏、臨川吳氏、會稽陸氏、諸葛氏、今皆散佚矣！況有三本乎！

　　高似孫以實任館閣之職，所言館閣藏書之失，俱在內矣！此誠南宋館閣之典藏所不及北宋甚遠者也。

第四章　南宋館閣之校書

　　校勘書籍亦爲館閣重要職務之一，尤以在圖籍搜訪之後，更需以讎校，視其源流，正其訛誤，再行入館儲藏。有宋一朝，其館閣藏書既富，於校讎之事，自亦甚爲留意。並能於其中自紏體例，使之更趨完備。《中興館閣錄》卷三載紹興六年史館修撰范中、秘書少監吳表臣參定之校讎式云：

> 　　諸字有誤者，以雌黃塗訖；別書或多字以雌黃圈之。少者於字側添入，或字側不容注者，即用朱圈，仍於本行上下空紙上標寫；倒者於兩字間書乙字。

> 　　諸點語斷處，以側爲正，其有人名、地名、物名等合細分者，即於中間細點。

> 　　諸點發字本處注釋有音者，即以朱抹出，仍點發其無音而別。經傳子史音同有可參照者，亦行點發。或字有分明如經傳之傳（注戀切）爲郵傳之傳（株戀切）又爲傳習之傳（重緣切）；斷絕之斷（徒玩切）爲斷截之斷（都管切）又爲決斷之斷（都玩切）；輕重之重（直隴切）爲再重之重（儲用切）又爲重叠之重（傳容切）；春夏之夏（亥駕切）爲華夏之夏（亥雅切）；遠近之近（巨謹切）爲附近之近（巨靳切）之類，雖本處無音，亦便行點發。

> 　　點有差誤，卻行改正，即以雌黃蓋朱點，應黃點處，並不爲點點校訖，每冊末，各書臣某校正。

> 　　所校書每校一部了畢，即旋申尚書省。

　　其所言校讎之法甚備，蓋自北宋以來，勘校之事，館閣亟重之，故南宋尙能沿其緒也。

　　而館閣校勘群書之事，約可分爲兩端。一則爲專校經史群書中之某類或某部

書，一則爲廣勘館閣所收郡國士民所上圖籍。而此二端，皆自北宋太宗時，即已發其緒，終北宋一朝，施之不輟焉。前者，有太宗端拱年間之命司業孔維執校《五經正義》，眞宗咸平年間之校《七經疏義》，及太宗淳化年間，眞宗咸平年間，仁宗景祐年間凡三校之《史記》，前、後漢書三史〔註1〕。後者，則自太宗立國之初，乃至徽宗宣和、政和年間，諸代帝王均有校書之舉。〔註2〕，其所競業於此攸關文化存續之事者，可謂至矣！

宋室南遷，除於搜訪闕佚圖籍之外，於校勘館閣藏書之務，亦能略承前朝之遺緒。雖則其所爲者，其數或不若北宋之夥，其規模不若北宋之巨，然仍有可述者。今就載籍所見，仍分：（一）專校經史中之某類書者；（二）廣校秘府搜訪圖籍者二端述之。

第一節　專校經史中之某類書者

北宋諸帝，於此已校《五經正義》、《七經疏義》、《史記》、《前後漢書》三史等書。而南宋一朝，似於此項讎校工作，較之北（宋）甚有未逮，見諸載籍者，僅有紹興校《大觀證類本草》一次而已。《宋會要輯稿》第五十五冊〈崇儒四〉校勘書籍條云：

> 二十七年（紹興）八月十五日，昭慶軍承宣致仕（按此《中興館閣錄》作承宣使致仕，當是，會要誤。）王繼先上重加校定《大觀證類本草》，書詔令秘書省官修潤訖，付國子監刊行。初，以本草之書，經注異同，治說詭舛，繼先辟御醫張考直、柴原、高紹功檢閱校勘。繼先言：「今之爲書，自嘉祐補注一千八十二種，唐慎微續添八種；唐本餘七種，食療餘八種，海藥集餘一十六種，新分條三十五種；陳藏器四百八十八種，本經外草本類九十八種，紹興六種，通前合一千七百四十八種，以爲定數。乃至旁搜方書，鉤探經典，續歷世之或缺，釋古今之重疑，自曰紹興校定《經史證類備急本草》。其卷目品類，并校定序說，依前三十二卷，及新添釋音一卷。」於是秘書省官修潤共成五冊，并元本三十

〔註1〕北宋之校《五經正義》、《七經疏義》、《三史》等書；其事見《玉海》卷四十三，《麟台故事》卷二〈校讎篇〉，《宋會要輯稿》第五十五冊〈崇儒四・校勘書籍篇〉等書。周駿富老師於〈北宋館閣典校圖籍考〉一文中，考之尤詳。

〔註2〕事見《宋會要輯稿》第五十五冊〈崇儒四・校勘書籍〉，《玉海》卷五十二，其中尤以仁宗年間之編《崇文總目》，徽宗時之編《秘書總目》爲最著。

二卷通三十八冊上焉。

由是觀之，知《大觀經史證類本草》一書，乃係先敕令王繼先修撰，後再付秘書省修潤者，而秘書省爲求此事之完美，修潤校理之事，皆委之當時碩學名儒，此亦承北宋校書之例也〔註3〕。於是年十一月上焉。《中興館閣錄》卷三刪潤文字條下載其事，並主刪潤者之姓氏如下：

> 紹興二十七年八月十五日，昭慶軍承宣使致仕王繼先上校定《大觀證類本草》，有旨令秘書省官修潤訖，付國子監刊行，至十一月進焉。
> 一至三卷（秘書郎王佐）四至六卷（著作佐郎楊邦弼）七至九卷（著作佐郎陳俊卿）十至十二卷（校書郎季南壽）十三至十五卷（校書郎陳祖言）十六至十九卷（正字胡沂）二十至二十二卷（正字葉謙亨）二十三至二十五卷（校書郎張孝祥）二十六至二十九卷（正字汪澈）三十至三十二卷并釋音（正字林之奇。）

第二節　廣校秘府搜訪書籍者

高宗南幸之後，及南宋以後諸帝，既能以搜訪遺佚爲務，秘府所得寖廣，必然有校理藏書之舉，而此項校書之事，亦終南宋一朝，未嘗廢焉！今亦以諸載籍所見者，依其年代爲序，載之於後，並略加考證。

甲、紹興二年初校秘府書籍

《皇宋中興兩朝聖政》卷十一云：

> 乙亥（紹興二年）夏四月
> 初命館職校御府書籍。

按：此事又見《建炎以來繫年要錄》卷五十三，《玉海》卷四十三等書。然皆不具其原委，或言之而甚略，唯《宋會要輯稿》第五十五冊〈崇儒四·校勘書籍〉言之最詳。其云：

> 高宗紹興二年四月十四日，秘書少監王昂言本省承節次降下御府書

〔註3〕校書選用專家，自漢已有之，漢志載劉向、劉歆父子撰《七略》、《別錄》，即選用專家校之。如以步兵校尉任宏校兵書，太史令尹咸校數術，侍醫李柱國校方技等。北宋亦然，即以校三史爲例，與校者有宋綬、丁寶臣、鄭穆、錢藻、孫洙、孫覺、曾鞏、劉攽、劉恕、安燾、范祖禹、王安國、林希諸人，皆碩學名儒。

籍四百九十二種，今又有曾敏家藏書二千六百七十八卷，未經校正。欲依故例，將降到書籍，分定經史子集四庫，撥充祕閣，專人各行主管，置進帳副帳門牌庫經一分，仍分官日校二十一板，於卷尾親書臣某校記字。置課程每月結押，旬申本省照會，遇入伏傳宣主校。內有損壞，脫落大段，錯謬不堪批鑒者，許將別本參考，重行補寫。所有造帳，簿紙并裝背物料等及校書朱紅、雌黃、紙劄、筆，欲從本省遇合用報戶部下左藏庫支供。詔可，其後遂旋以館職讎校到書籍，本省徵進焉！

高宗渡江之初，書籍散亡殆盡，故此次校書，其數甚寡，僅初有四百九十二種，及曾敏家所獻藏書二千六百七十八卷而已。而此四百九十二種書，恐其中大部均為紹興二年二月將仕郎賀廩所獻者。

乙、紹興十三年編《四庫闕書目》

自高宗紹興初以來，至該年止，祕府所得，又有諸葛行仁所獻書一萬一千五百一十五卷，及得故相余深家藏監書，抄錄紹興府陸寘家藏書等，館閣所儲，較前已頗充牣，然中復多有重複及《唐志》、《崇文總目》所闕者，故再命館閣依此二目，校點藏書，以利搜訪，《宋會要輯稿》第五十五冊〈崇儒四·求書〉云：

> 二十五日（紹興十三年閏四月），權發盱眙軍向子固言：比降旨令祕書省以《唐藝文志》及《崇文總目》，據所闕者，榜之檢鼓院，許外路臣庶，以所藏上項之書投獻。尚恐遠方不知所闕各籍，難予搜訪抄錄，望下本省以《唐藝文志》及《崇文總目》，應所闕之書，注闕字於其下，鏤板降付諸州軍，照應搜訪，從之。

故知此次校理書籍編定四庫闕書目者，其主旨在求訪得遺逸也。陳振孫《直齋書錄解題》卷八載有《四庫闕書目》一卷，註云：

> 《祕書省四庫闕書目》一卷：亦紹興改定，其闕者注闕字於逐書之下。

而此書目，其主要目的僅在為求書時便於檢對而已，故無解題，其目亦僅一卷，故其後鄭樵等據此頗有補述，《玉海》卷五十二云：

> 《紹興求書闕記》：十七年（紹興）鄭樵按祕書省所頒闕書目錄，集為求書闕記七卷，外記十卷；……徐士龍編本書補闕一卷。

按：此書現已亡佚，然於明《文淵閣書目》，錢遵王《述古堂書目》中猶可見之。清徐松曾自《永樂大典》中錄出，謂可補正史志之脫誤者，其序云：

> 《四庫闕書》者，宋紹興中訪求圖籍之目也。《書錄解題》云：「祕

書省《四庫闕書目》一卷，紹興改定，其闕者注闕字於逐書之下。」《通志略》有求書目錄一卷，明《文淵閣書目》盈字號第六廚有《四庫闕書錄》一部，二冊。錢遵王《述古堂書目》有紹興編《四庫闕書記》二卷，或言求書，或言闕書，義則一也。其書散見《永樂大典》，曩時校書，錄得副帙，初無義例，雜亂參差。惟核以《宋史·藝文志》，雖多寡懸殊，而先後次序，往往不甚相遠。知此書當時館閣舊目，作史者蓋據以增益之，且有足訂史志之脫誤者。如：〈周易卦象賦〉《藝文志》直云名亡，此則特標陳在中撰。又唐長孫無忌撰《太宗實錄》，許敬宗撰《高宗實錄》，《藝文志》乃以太宗《實錄》為許敬宗撰，此則仍題長孫無忌，頗足以資考證。宋史舊籍，固不妨過而存之矣。朱氏竹垞撰《經義考》，每引《紹興書目》，又引《紹興四庫續刊闕書》，所謂闕書，實即此本，而核其所引《紹興書目》，亦多相符，不復有出此本之外者。意人間當尚有傳鈔，而《大典》卷帙繁富，一時蒐集，不無遺漏，今皆據以補入，仍題曰《四庫闕書》，以存永樂大典之舊云。」（文引自世界書局《中國目錄學名著》第三集《宋史·藝文志》廣編附篇《四庫闕書目》中）

丙、淳熙五年編《中興館閣書目》

孝宗承高宗尋訪所得，又復加搜求，故及淳熙中，秘府所儲，幾乃不減北宋盛時，故其時必定有校書及編定書目之舉。李心傳《建炎以來朝野雜記》甲集卷四云：

> 《中興館閣書目》者，孝宗淳熙中所修也。高宗始渡江，書籍散佚，紹興初，有言賀方回子孫鬻其故書於道者，上命有司悉市之。時洪玉父為少逢，建言蕪湖縣僧有蔡京所寄書籍，因取之以實三館。劉孝高為宰椽，又請以重賞訪求之。五年九月大理評事諸葛行仁獻書於朝，詔官一子，十三年初建秘閣，又命紹興府借故直秘閣陸寊家書繕藏之。寊，農師子也。十五年，遂以秦伯陽提舉秘書省，掌求遺書圖畫，及先賢墨跡。時朝廷既右文，四方多來獻者；至是，數十年秘府所藏益充牣，乃命館職為書目，其綱目皆倣《崇文總目》焉，書凡七十卷。

此則言其修撰《中興館閣書目》之背景，此外，《中興館閣錄續錄》卷四載其修撰情形云：

> 淳熙五年六月，秘書省上《中興館閣書目》七十卷，序例一卷。先是，淳熙四年十月，秘書少監陳騤等言：中興以來，館閣藏書前後搜訪，

部帙漸廣，循習之久，未曾類次書目，致有殘缺重複，多所訛舛。乞依
《崇文總目》，就令館職編撰，更不置局。五年三月秘書監陳騤等復言：
謹案慶曆元年，《崇文總目》書成，係是參知政事王舉正上，今來書目
成書，欲候繕寫畢，於參知政事過局日一就觀閱記，報本省承受官投進，
詔並從之。至是書成，修書官各減二年磨勘，經修不經進官減一年磨勘，
該修進人吏有官人，減一年磨勘，餘人犒設有差。

此則言《中興館閣書目》之修撰情形，然《館閣錄續錄》並未云及其門目卷
帙多寡，殊有未足，今引《玉海》卷五十二所錄補之於下：

淳熙《中興館閣書目》：紹興初，再改定《崇文總目》，秘省續編
《四庫闕書》。淳熙四年十月，少監陳騤等言，乞編纂書目，五年六月
九日上《中興館閣書目》七十卷。序例一卷（序例凡五十五條）凡五十
二門，計現在書四萬四千四百八十六卷，較《崇文總目》所載多一萬三
千八百十七卷；復參三朝史志多八千二百九十卷，兩朝史志多三萬五千
九百九十二卷〔註4〕，閏六月，命浙漕司摹板。

按：陳振孫《直齋書錄解題》卷八著錄此書，其目止三十卷，疑誤！而陳氏
譏其「考究疏謬，蓋亦不免焉〔註5〕！」是似乎當時館職編撰未能盡善。又此書現
亦亡佚，僅章如愚《群書考索》，陳振孫《直齋書錄解題》，王應麟《玉海》藝
文部，尚多引其文。近人趙士煒有輯本。

丁、嘉定十三年編《中興館閣續書目》

自孝宗淳熙至寧宗嘉定年間，又復承平數十載！館閣訪書亦無時不綴，故於前
朝所儲，又續有增廣。乃又有編纂書目之舉，《中興館閣錄續錄》卷四云：

嘉定十三年四月二十日，秘書省上《中興館閣續書目》三十卷。

先是，嘉定十二年閏十二月本省言：淳熙四年，秘書少監陳騤以館
閣藏書部帙漸廣，未曾類次書目，乞令就館職編纂，五年書成，乞照慶
曆元年《崇文總目》成例，於過局日一就觀閱。報本省承受官投進，語
並從之。今來本省自淳熙五年以後，續次搜訪書籍，數目亦多，見今編

〔註4〕三朝志指呂夷簡等所撰之三朝（太祖、太宗、眞宗）國史藝文志，兩朝志指王珪等
　　　撰之二朝（仁宗、英宗）國史藝文志。

〔註5〕《直齋書錄解題》卷八云：「《中興館閣書目》三十卷：秘書監臨海陳騤叔進等撰，
　　　淳熙五年上之。中興以來，庶事草創，網羅遺逸，中秘所藏視前世獨無歉焉！殆且
　　　過之，大凡著錄四萬四千四百八十六卷，蓋亦盛矣！其間考究疏謬，蓋亦不免焉！」

類，漸成次第，欲望敷奏許從本省檢照前例施行。得旨，依至是書成，乞於提舉編修會要丞相過局日，同監修國史，參政一就觀閱誌，承受官投進，從之。官吏推恩並如前進書之例。

此其編纂之經過，《玉海》卷五十二載其部帙及編纂呈上者爲秘書丞張攀。其云：

> 《中興館閣續書目》，秘書丞張攀等乞編新目，以續前書，得書七百五十二家，八百四十五部，凡一萬四千九百四十三卷，嘉定十三年四月上。

按：此次之編纂書目，其叢脞似較《中興館閣書目》爲甚，陳振孫《直齋書錄解題》卷八著錄，並評之云：

> 《館閣續書目》三十卷：秘書丞吳郡張攀從龍等撰，嘉定十三年上，以淳熙後所得書籍，纂續前錄，草率尤甚，凡一萬四千九百四十三卷。

此書今亦不存，近人趙士煒有輯本。

戊、淳祐間編《中興國史藝文志》

有宋一朝，屢修國史，而諸國史中均有藝文志，其見於《宋史・藝文志》者有六：王旦等之《國史》一百二十卷，呂夷簡之《三朝國史》一百五十卷，王珪《兩朝國史》一百二十卷，鄧洵武《神宗正史》一百二十卷，王孝迪《哲宗正史》一百五十卷，李燾《四朝國史》三百五十卷，而理宗時李心傳所編之《中興國史》不與焉！

《中興四朝國史》修於理宗嘉熙年間，《宋史》卷四十二〈理宗本紀〉云：

> 三月壬子（嘉熙三年）以李心傳爲秘書少監，史館修撰，修高宗、孝宗、光宗、寧宗四朝國史。

而中興四朝國史中之藝文志，乃係參以《中興館閣書目》及《中興館閣續書目》，再益以寧宗之後所得而成，《文獻通考・經籍考總敘》載其序云：「今繼書目、續書目及搜訪所得嘉定以前書，銓校而志之。」是其目較之《中興館閣書目》、《續書目》已有加焉！《文獻通考》卷一七五〈經籍考〉載其門目經部得十一類，七百二十一家，八千九百三十五卷。史部得十六類，一千三百五十六家，二萬五千六百五十八卷。子部二十一類，一千九百一十九家，一萬九千一百零二卷。集部四類一千三百六十五家，二萬四千六百一十七卷。總四部爲五十二類，五千三百六十一家，七萬八千三百一十二卷，其數較之《中興館閣書目》、《續

目》之總合，又加多幾近二萬卷，其數不可謂之不夥〔註6〕。

　　按：《中興四朝國史藝文志》今不存，近人趙士煒有輯本。

　　南宋一朝館閣之校書情形，見諸載籍者，約有如上所述之多。雖較之北宋一朝略有所遜，且其校讎亦不若北宋之精。然較之前世後朝，已有過之。而館閣於讎校圖籍之注意，自亦影響及私家藏書之校讎，故而南宋一朝之私家校書，亦頗多足以稱述者。鄭樵曾爲之撰《校讎略》，爲校讎學有專書之始；其後岳珂撰《九經三傳沿革例》一書，於校讎之法更爲精密謹愼。其他如朱熹之《孝經考異》、《周易參同契考異》，洪興祖之《楚辭考異》，毛居正之《六經正誤》等書，均能考其同異，正其訛謬，讎校之學，於南宋之時，可謂之全盛矣！

────────────

〔註6〕《中興館閣書目》收書四萬四千四百八十六卷，《續目》收一萬四千九百四十三卷，《中興國史藝文志》較之多一萬八千八百八十三卷。

第五章 南宋末年之圖籍散佚

　　圖書之厄，每與末世相銜，其散聚之數，亦復與世之盛衰相接；王明清云：「豈厄會自有時邪？」者，真果然也〔註1〕。南宋一朝承靖康俶擾之後，圖籍散亡殆盡之時，君臣上下，汲汲以搜訪圖籍為務，其所儲不惟不減前代，殆有過之。而以理宗紹定年間臨安大火，延燎所及，秘府藏庋，遂一蹶不振；其後元人南下，又復刮取幾空。牛弘所論圖書之厄後，此又誠為圖籍之一災也。今即以二者分述於後：

第一節　紹定之火厄

　　南宋行都臨安，以戶口繁多，建築過密，易致火災，《夢梁錄》卷十〈防隅遇警〉條云：

> 臨安城郭廣闊，戶口繁夥，民居屋宇高深，接棟連簷，寸尺無空，
> 巷陌雍塞，街道夾小，不堪其行，多為風燭之患。……

　　以此之故，每一火起，往往延燒數千戶，數日方熄，官民屋宇，俱付一炬者，幾於無歲不有〔註2〕。而宋理宗紹定四年秋九月之火，更延及太廟，秘書省亦遭波及，《宋史》卷四十一〈理宗本紀〉云：

> 九月（紹定四年）丙戌夜，臨安火，延及太廟，統制徐儀，統領馬
> 振遠，坐救焚不力，貶削有差，上素服眂朝，減膳徹樂。

　　而是次之火厄所以延及太廟者，蓋以有司徇私，救之不力，《錢塘遺事》卷二載其被火之烈云：

〔註1〕見王明清《揮麈後錄》卷七。
〔註2〕南宋臨安之火災，其數甚夥，詳見《宋史‧五行志》及《宋史》南宋以來諸帝本紀。

宋紹定辛卯臨安之火，此辛酉之火，加五分之三〔註3〕雖太廟亦不能免，而史丞相府獨全。洪舜俞詩云：殿前將軍猛如虎，救得汾陽令公府，祖宗神靈飛上天，可憐九廟成焦土。時殿帥乃馮榯也，人言籍籍，迄不免責。

張仲文《白獺髓》亦云：

四年九月間（紹定）李博士橋王德家火，自北而南，焚燒至前湖門外方家峪山，亦僅五十餘里，宗廟百司，一夕殆盡。……

太廟所供奉之祖宗靈座，亦不免於延燎，盡付回祿，雖以當時有司救之不力，而其火勢之烈，亦可想見矣！而秘書省所儲，亦幾全燬於此次祝融之災，《文獻通考》卷一百七十四〈經籍考總敘〉云：

蓋盡紹興至嘉定，承平百載，遺書十出八九，著書立言之士，又益眾，往往多充秘府。紹定辛卯火災，書多闕……。

「紹定辛卯火災，書多闕。」僅此數語，已可觀出當時書籍被災之烈。即秘書省本身之建築，亦幾燃燒殆盡，故於該年即有重建三館之舉，《中興館閣錄續錄》卷二〈省舍〉云：

重建三館：紹定四年秋，三館因居民遺漏延燎，僅存著作庭及後園，本省具申朝廷，降錢委轉運司臨安府計置起造，以十一月一日興工，自大門至殿門基趾增高二尺，與官路平。紹定五年七月秘閣上梁，秘書郎李心傳撰上梁文。……是年十月畢工，共約費三十五萬餘貫，中外鼎新，規模一如舊式。

按考當時秘書省之建築，於防火之措置並非不爲留意，《中興館閣錄》卷一〈省舍〉言紹興十三年秘書省初建時已在秘書省之圍牆外置空地，以防火災；其言云：「是年四月二十九日本省劄子，新省圍牆外，見今各有空地，切慮官私亂有侵占，欲各量留空地五步，充巡道以禦火災，從之。」此外，於東西偏門外設著火大桶二十，小桶三十八，栲栳杓百，內鐵塔鈎二，麻索二，藏干潛火司。右文殿前左右列林綠大水桶十。並於秘閣書庫之後，置潛火司，其防範不可謂之不嚴。

而此類之防火措置，於紹興後亦續有增益，《中興館閣錄續錄》載其所增置情形爲：

省西北牆外，添築外牆一重，并置鋪屋巡邏。牆外多爲民居所占，嘉泰二年六月因遺火延燒，遂請於朝，不許再造，仍添築外牆一重爲限。

〔註3〕辛酉之火，指南宋寧宗嘉泰元年之臨安大火，詳見《宋史·寧宗本紀》。

省門東西欄馬墻外，各置杈子一帶。墻外舊爲居民私蓋浮屋，嘉定

六年十一月，盡令起拆，遂置杈子以障其地，內植槐一十二株。

　　觀以上秘書省爲防火災所爲之各種措置，可謂極爲嚴密。而於秘書省本省並立有火禁之條規，以防館閣職事自爲不慎，遺火燃燒，而殃及館閣所儲。《中興館閣錄》卷六〈故實〉云：

　　　火禁　紹興十四年，秘書郎張闡言：本省自來火禁，並依皇城法，

　　遇有合用火燭，去處守門親事官一名，專掌押火灑熄，其餘去處並不

　　得存留，有旨依。

　　此爲預防火燭遺患延燎，所作立之人事上火禁也。器物上之防火措施以及人事上之防火禁令皆備矣！而卒以火厄不發之於內，而延燒之由外者，致使紹興以來至此約近百年之努力，一旦付之焦土。此則雖以當時有司撲救不力，抑當時宋祚已衰，圖籍之運，亦同然繫之，必遭此厄者耶！及其後蒙古兵威浸盛，鐵騎南渡，又復使南宋館閣藏書，重於遭紹定辛卯火厄之餘，復全爲其括取掠奪靡遺矣！

第二節　元人之掠奪

　　元人係出異族，世居漠北，本無文化可言，然其於元太宗六年與宋兵共滅金，盡得金人秘府所儲圖籍之後，亦能右文於修武之餘。元太宗八年，即從耶律楚材之請，立編修所於燕京，經籍所於平陽，召儒士長編修經史之事。由是蒙古之文物興焉！《元史》卷一百四十六〈耶律楚材傳〉云：

　　　……汴梁將下，大將速不台遣使來言：金人抗拒持久，師多死傷，

　　城下之日，宜屠之。楚材馳入奏曰：將士暴露數十年，所欲者，土地人

　　民耳，得地無民，將焉用之。帝猶豫未決。楚材曰：奇巧之工，厚藏之

　　家，率萃於此，若盡殺之，將無所獲。帝然之，罪止完顏氏，餘皆勿問。

　　時避兵居汴者得百四十七萬人。楚材又請遣人入城，求孔子後，得五十

　　一代孫元措，奏襲封衍聖公，付以林廟地，命收太常禮樂生。及召名儒

　　梁陟、王萬慶、趙著等使直釋九經，進講東宮，又率大臣子孫，執經解

　　義，俾知聖人之道，置編修所於燕京，經籍所於平陽，由是文治興焉。

　　按：此雖不明言元人破金汴京之後，括取金人所儲秘府圖籍之事。而徵以《宋史》卷四百十二〈孟珙傳〉所言，珙合元人破金汴京時，僅與元人「分守緒骨（金哀宗）得金諡，寶玉笫，金銀印牌有差，還軍襄陽。」並未括取金秘府所藏。並元人於元太宗六年滅金，八年即置編修所、經籍所二事，知當時金人於靖康之亂

時，所取之於中國者，至此，又全歸於蒙古矣！

其後，元人兵威益盛，而宋勢愈衰，終于宋恭宗德祐二年，率百官降於元，而蒙古人遂入臨安，括取秘府所儲。而南宋百年來，朝廷上下，所戮力搜訪者，又復爲元人取去。《宋史》卷四十七〈瀛國公本紀〉云：

> 辛丑（德祐二年二月）
>
> 率百官拜表祥曦殿，詔諭郡縣使降，大元使者入臨安府，封府庫，收史館禮寺圖書，及百司符印，敕罷官府及侍衛軍士。

而元人之括取宋人圖籍，在其尚未攻破臨安之前，已爲熟計取之。《元史》卷八〈世祖本紀〉云：

> 九月丙申（至元十二年，宋恭宗德祐元年）
>
> 以玉昔帖木兒爲御史大夫，括江南諸郡書版，及臨安秘書省乾坤寶典等書。

翌年二月（世祖至元十三年，宋恭宗德祐二年。）宋降，元中書省丞相伯顏入臨安，並不肆行殺戮，唯取其與文教政治有關之物，《元史》卷九〈世祖本紀〉云：

> 二月丁未，（至元十三年）
>
> 詔諭臨安新附府、州、司、縣官、吏民等曰……百官有司、諸王邸第、三學、寺監、秘省、史館及諸禁衛諸司，各宜安居。所在山林河泊，除巨木、花果外，餘物權免徵稅。秘書省圖書，太常寺祭器、樂器、法服、樂工、鹵簿、儀衛，宗正譜牒，天文地理圖冊，凡典故文字，并戶口版籍，盡仰收拾。前代聖賢之後，高尚儒醫僧道卜筮，通曉天文曆數，并山林隱逸之士，仰所在官司，具以名聞；名山大川，寺觀廟宇，并前代名人遺跡，不許拆毀。……伯顏就遣宋內侍王林，入宮收宋國袞冕奎璧，符璽及宮中圖籍車輅寶玩、輦乘、鹵簿、麾杖等物……。

觀此次元人入臨安所括取之物，幾與宋欽宗靖康二年金人破汴京時所取者相同，甚矣！趙氏於此百年內，遭此兩次虜掠也。

同年二月丁巳，元人命專司掌括取秘書省圖籍之務，《元史》卷九〈世祖本紀〉云：

> 三月丁卯（至元十三年）
>
> 伯顏入臨安，遣郎中孟祺籍宋太廟，四祖殿，景靈宮禮樂器冊寶暨郊天儀仗及秘書省、國子監、國史院、學士院、太常寺圖書、祭器、樂器等物。

　　同年十月，焦友直即以所括取之秘書省圖籍北上入燕京〔註4〕，《元史》卷九〈世祖本紀〉云：

　　　　丁亥（至元十三年）

　　　　　　兩制宣撫使焦友直以臨安經籍圖書，陰陽秘書來上。

　　而以後，元人於圖籍之括取，並不以得自臨安秘書者爲足，元世祖至元十五年，又復從集賢大學士許衡之言，遣使南下括取，《元史》卷十〈世祖本紀〉云：

　　　　庚辰，（至元十五年夏四月）

　　　　　　以許衡言，遣使至杭州等處，取在官書籍、版刻至京師。

　　所謂在官書籍者，當是各州州學內所藏圖籍。考南宋各州郡郡齋，於刻書事甚爲發達〔註5〕，意其所藏書籍亦必甚夥，故於此一併括取也。

　　南宋館閣所儲者，一經理宗紹定辛卯之火厄，再經元兵南下之掠奪，至此蕩然靡遺！胡應麟《少室山房筆叢》，直以此爲繼牛弘所言五厄後之五厄之一，誠然！

〔註4〕焦友直時爲秘書監，故以是命之。
〔註5〕宋諸州、軍、郡、府、縣學之書院之刻書情形，葉德輝《書林清話》卷三考之甚詳。

第六章 結 語

　　有宋一朝，承五季亂罹，兵戈搶攘之後；民生凋弊，教化不行之時，獨能用武開基，右文致治，故其文物典章之盛，與夫禮樂教化之隆，洵致美矣！觀其時名儒碩學輩出，鴻典巨製紛陳，雖則漢、唐無以過之。推揆其源，固君主倡風於上，臣庶繼軌於下，有以使然；而其時上及官府，下逮士庶，莫不寶重典籍，遺編墜簡，務為尋訪，不使淹沒。更兼以其時雕版印刷，已甚為發達。國子監，各州、郡、縣學宮，書院；甚及民間書籍舖，紛紛將奇書秘笈，開雕付梓，更使書籍之流傳範圍增廣，藏書家得之較易。而此珍藏圖籍之風，亦於文教之昌盛，貢獻良多也。觀宋太宗於太平興國九年元月所云：「教化之本，治亂之源，苟非書籍，何以取法〔註1〕」。亦可知圖籍之於教化，攸繫所在矣！

　　而宋代於藏書之制，較之前世，頗有增益更張者；一則為藏書處所之增多，於此兩漢則西漢僅天祿、石渠、麒麟諸閣；東漢東觀、蘭台等處；魏止秘書內外三閣；隋之嘉則殿、修文殿；即以唐之盛世，亦唯弘文、修文、史館三館而已。宋世則三館外，更有秘閣、太清樓、龍圖閣、宣和殿，皆儲四庫書；而國子監，各州學不與焉！更有天章、寶謨諸閣藏列聖御製。藏書處所之夥，誠前代之所不及。

　　次則嚴校讎之事，立定校讎之式，辨字句之同異，斷音義之訛謬；務使魚魯有分，豕亥不同，而後乃可進之秘府。影響所及，有宋一朝，校讎之學，獨為發達，如鄭樵之撰《校讎略》，岳珂之撰《九經三傳沿革例》，皆能分其源流，析其條例，校讎學之有專書，即自茲始。故而宋代館閣之校書者，除能風會於一時外，並能影響及後世也。

〔註 1〕見《宋會要輯稿》第五十五冊〈崇儒四‧求書〉。

而北宋一代館閣所儲，不幸遭靖康之變，一則毀於金人之掠奪，再者失之轉運之中，使二百年來努力，毀之於一旦。高宗渡江，即位臨安，仍秉前代祖宗右文之意，戮力搜訪；而其後孝、寧諸帝，亦能步武高宗訪書之勤。故南宋一朝之藏書有亦可無愧於前代。雖則秘府所儲多近人之著作，而乏前世之簡篇；爲其小疵。然以百餘年間，外則狼煙不斷，內以盜冠紛起；於此戎事紛紛不絕，國用度支困乏之際，獨能不視此爲不急之務，再三垂意，良有足多者矣！

然吾人於南宋館閣之藏書，仍有極其不慊者焉！在其以國力不足之故，不能廣建藏書處所也。南宋之秘府，眞正爲儲藏四庫書籍者，僅秘書省與秘閣而已。較之北宋之有三館、秘閣、龍圖閣、太清樓、宣和殿諸處者，大爲遜色。更兼以秘閣係建於秘書省內，故及宋理宗紹定辛卯年臨安大火，延燎所及，百年積聚，幾全毀之於一旦，誠可痛惜！意其受災之重，較之靖康之亂，金人擄掠北上，及宋末元人之括取臨安秘府所儲，歸之燕京者，尤爲甚焉！以其雖經南北遷徙，雖有小失，不至全亡也。

故於敘述南宋一朝之館閣典籍時，余得之焉！夫書籍者，教化之所藉，而文治之所本也。故金匱石室之藏，代代有之，蓋視此爲民族文化之攸繫所在也。今之昌言復興民族文化者，苟於務爲空言之餘，得毋視此數千年來之文化結晶之典藏與傳播爲不急乎！宋之世，以雕版印刷之發達，故書籍得之易；今之印刷術，較之宋世，更不可以道里計，以此流傳鴻典寶笈，當更易致而有功也。宋之世，以圖籍盡藏京師，因而亡其全數；清之世，以《四庫全書》分藏南北，故得倖存一二；鑒古方今，智者當知於今典藏書籍之事，當務之急者爲何！

參考書目

一、書　目

1：（唐）魏徵等，《隋書》，商務印書館百衲本。

2：（宋）劉昫等，《舊唐書》，商務印書館百衲本。

3：（宋）歐陽修等，《新唐書》，商務印書館百衲本。

4：（元）脫脫等，《宋史》，商務印書館百衲本。

5：（元）脫脫等，《金史》，商務印書館百衲本。

6：（明）宋濂等，《元史》，商務印書館百衲本。

7：（宋）李燾，《續資治通鑑長編》，世界書局校印本。

8：（清）畢沅，《續資治通鑑》，清同治丁卯江蘇書局刻本。

9：（民國）開明書局，《二十五史補編》，開明書局印本。

10：（宋）李心傳，《建炎以來繫年要錄》，文海出版社影光緒庚子廣雅書局本。

11：（宋）秦克，《中興小紀》，文海出版社影光緒十七年廣雅書局本。

12：（宋）丁特起，《靖康紀聞》，《學津討原》本。

13：（宋）佚名，《靖康要錄》，《十萬卷樓叢書》本。

14：（宋）佚名，《南燼紀聞錄》，廣文書局《史料叢編》本。

15：（金）佚名，《大金弔伐錄》，《守山閣叢書》本。

16：（宋）佚名，《皇宋中興兩朝聖政》，文海出版社影《宛委別藏》影宋鈔本。

17：（宋）佚名，《兩朝綱目備要》，《四庫全書》本。

18：（宋）李心傳，《建炎以來朝野雜記》，文海出版社影明鈔校聚珍本。

19：（宋）陳駿等，《中興館閣錄續錄》，漢華文化事業公司影宋嘉定本。

20：（宋）王應麟，《玉海》，華文書局影元至元六年慶元路儒學刊本。

21：（宋）馬端臨，《文獻通考》，新興書局影本。

22：（宋）鄭樵，《通志》，新興書局影本。

23：（宋）孫逢吉，《職官分紀》，《四庫全書》本。

24：（宋）程俱，《麟台故事》，《十萬卷樓叢書》本。

25：（清）徐松等，《宋會要輯稿》，世界書局影本。

26：（宋）周淙，《乾道臨安志》，《武林掌故叢編》本。

27：（宋）潛說友，《咸淳臨安志》，成文出版社影道光庚寅振綺堂刊本。

28：（宋）周煇，《清波雜志》，《知不足齋叢書》本。

29：（宋）周密，《武林舊事》，《知不足齋叢書》本。

30：（宋）周密，《齊東野語》，《學津討原》本。

31：（宋）周密，《癸辛雜識》，《學津討原》本。

32：（宋）周密，《雲煙過眼錄》，《十萬卷樓叢書》本。

33：（元）劉玉清，《錢塘遺事》，《武林掌故叢編》本。

34：（宋）吳自牧，《夢梁錄》，《學津討原》本。

35：（宋）耐得翁，《都城紀勝》，《武林掌故叢編》本。

36：（宋）施宿等，《嘉泰會稽志》，《四庫全書》本。

37：（明）田汝誠，《西湖游覽志》，《武林掌故叢編》本。

38：（清）顧炎武，《歷代帝王宅京記》，廣文書局《筆記叢編》本。

39：（清）丁丙，《武林掌故叢編》，華文書局影清光緒九年丁氏刊本。

40：（清）丁丙，《武林藏書志》，《武林掌故叢編》本。

41：（宋）王明清，《揮麈錄・續錄》，《四部叢刊》本。

42：（宋）楊萬里，《揮麈錄》，《百川學海》本。

43：（宋）葉夢得，《避暑錄話》，《學津討原》本。

44：（宋）葉夢得，《石林燕語》，《稗海》本。

45：（宋）《石林燕語辨》，《儒學警悟》本。

46：（宋）洪邁，《容齋隨筆》，《四部叢刊》本。

47：（宋）張仲文，《白獺髓》，《歷代小史》本。

48：（宋）周必大，《二老堂雜記》，《學海類編》本。

49：（宋）徐度，《卻掃編》，《學津討原》本。

50：（宋）袁褧，《楓窗小牘》，《寶顏堂秘笈》本。

51：（宋）高似孫，《緯略》，廣文書局《筆記叢編》本。

52：（宋）岳珂，《桯史》，《四部叢刊》本。

53：（宋）岳珂，《愧郯錄》，《四部叢刊》本。

54：（宋）陸游，《渭南文集》，《四部叢刊》本。

55：（清）王士禎，《香祖筆記》，上海文明書局石印本。

56：（宋）晁公武，《郡齋讀書志》，廣文書局《書目叢編》本。

57：（宋）李清照，《金石錄》，《四部叢刊》本。

58：（宋）章如愚，《群書考索》，新興書局影明正德區玉刊本。

59：（宋）陳思，《寶刻叢編》，《十萬卷樓叢書》本。

60：（宋）陳振孫，《直齋書錄解題》，《聚珍版叢書》本。

61：（明）胡應麟，《少室山房筆叢》，世界書局印本。

62：（民國）陳登原，《中國典籍史》，樂天出版社印本。

63：（民國）葉德輝，《書林清話》，世界書局印本。

64：（民國）葉昌熾，《藏書紀事詩》，世界書局印本。

65：（民國）姚名達，《中國目錄學史》，商務印書館印本。

66：（民國）蔣元卿，《校讎學史》，商務印書館《人人文庫》本。

67：（民國）姚名達，《中國目錄學年表》，商務印書館《人人文庫》本。

68：（民國）楊家駱主編，《宋史藝文志廣編》，世界書局印本。

二、論　文

1：趙士煒，〈宋中興國史藝文志輯佚〉，《國立北平圖書館館刊》第六卷第四期。

2：趙士煒，〈宋國史藝文志輯本序〉，《圖書館學季刊》第七卷第二期。

3：袁同禮，〈宋代私家藏書概略〉，《圖書館學季刊》第二卷第二期。

4：周駿富，〈北宋館閣典校圖籍考〉，《文史哲學報》第二十二期。